Wildwasser –
Arbeitsgemeinschaft gegen sexuellen Missbrauch e.V.
Hörschädigung und sexuelle Gewalt

Hörschädigung
und sexuelle Gewalt

Dokumentation

Senay Atilgan
Dr. Ulrike Gotthardt
Henriette Harms
Eva-Maria Nicolai
Petra Piel
Antje Schwerdtfeger
Annika von Walter

Wildwasser Berlin e. V.
Arbeitsgemeinschaft
gegen sexuellen Missbrauch
an Mädchen (Hg.)

mebes & noack

IMPRESSUM
DIE DEUTSCHE BIBLIOTHEK – CIP-EINHEITSAUFNAHME

HÖRSCHÄDIGUNG UND SEXUELLE GEWALT / HRSG.: WILDWASSER BERLIN E.V.
ANNIKA VON WALTER ... – BONN : MEBES UND NOACK, 2001
ISBN 3-927796-65-4

ORIGINALAUSGABE
ALLE RECHTE VORBEHALTEN
© 2001 VERLAG MEBES & NOACK
EIN UNTERNEHMEN DER DONNA VITA MARION MEBES OHG
KAISERSTRASSE 139–141
D-53113 BONN
WWW.DONNAVITA.DE
WWW.MEBESUNDNOACK.DE

LEKTORAT: DORIS TIU, BONN
SATZ: RAFAELA NIMMESGERN, HAMBURG
UMSCHLAGGESTALTUNG: SERGIO VITALE COMPUTERGRAFIK, BERLIN
GESTALTUNG UNTER VERWENDUNG VON FOTOMATERIAL VOM SIGNUM VERLAG
DRUCK: VERLAGSSERVICE WILFRIED NIEDERLAND, KÖNIG, KÖNIGSTEIN

WIR DANKEN DEM SIGNUM VERLAG FÜR DIE FREUNDLICHE GENEHMIGUNG
ZUM ABDRUCK DER SECHS BILDER, DIE IN IHRER ABFOLGE DIE GEBÄRDE FÜR DEN
BEGRIFF „SEXUELLE GEWALT" DARSTELLEN.
QUELLE: FACHGEBÄRDENLEXIKON PSYCHOLOGIE, SIGNUM 1996
© 1996 SIGNUM GMBH

Inhaltsverzeichnis

I Vorwort

Im Rahmen einer von Annika von Walter durchgeführten Untersuchung über die Bedürfnisse hörgeschädigter Menschen an Unterstützung bei sexueller Gewalt sowie über den Bedarf von Professionellen aus dem Hörgeschädigten- und dem Anti-Gewalt-Bereich an Beratung und Begleitung wurde übereinstimmend der Wunsch nach gemeinsamem Austausch und verbesserter Kooperation zwischen den Professionen formuliert. Fachleute aus beiden Bereichen hatten bisher die Arbeitsfelder getrennt betrachtet, waren aber wiederholt bei dem Thema „Hörschädigung und sexuelle Gewalt" mit Fragen konfrontiert worden, die über ihr spezialisiertes Fachwissen hinausgingen. Deshalb führte *Wildwasser e. V. Arbeitsgemeinschaft gegen sexuellen Missbrauch an Mädchen* im Jahre 2000 eine Fachtagung „Hörschädigung und sexuelle Gewalt" durch, die diesem Wunsch Rechnung trug. Die Tagung hat eine diesbezügliche Fachdiskussion in Bewegung gesetzt, und sie war gleichzeitig Anlass für die Mitarbeiterinnen von Wildwasser, die Notwendigkeit einer Spezialisierung unter den Gesichtspunkten von Ausgrenzung oder Integration, aber auch von Austausch, Kooperation und Ergänzung von Fachwissen genau zu beleuchten.

Die Durchführung der Fachtagung „Hörschädigung und sexuelle Gewalt" entsprach dem Wunsch nach Veröffentlichung der von Frau von Walter erhobenen Daten und deren gemeinsamer Bewertung sowie nach Sicherung der Erkenntnisse durch die in den Bereichen „Hörschädigung" und „Sexuelle Gewalt" engagierten Fachleute. Darüber hinaus gab die Veranstaltung Gelegenheit, neue Arbeits- und Kooperationsperspektiven zu entwickeln. Das außerordentliche Interesse an der Fachtagung fand seinen Ausdruck in der großen Zahl an TeilnehmerInnen aus sehr unterschiedlichen Arbeitsgebieten.

Mit diesem Band sollen nun die Vorträge und Referate einem noch weiteren Kreis von Interessierten einen Einstieg in ein bisher kaum berücksichtigtes Thema eröffnen: Informationen und fachliche

Grundlagen werden durch Beiträge aus dem Bereich „Hörschädigung" (Henriette Harms: Bedeutung kindlicher Hörschädigung) und dem Bereich „Sexuelle Gewalt" (Senay Atilgan: Sexuelle Gewalt gegen Kinder und Jugendliche) zur Verfügung gestellt.

Die Projektergebnisse der oben erwähnten Untersuchung verdeutlichen die Notwendigkeit von Beratung für hörgeschädigte von sexueller Gewalt betroffene Menschen (Annika v. Walter: Hörschädigung und sexuelle Gewalt), um vor diesem Hintergrund die therapeutischen Möglichkeiten der Arbeit mit hörgeschädigten Personen im Kontext von Traumatisierung durch sexuelle Übergriffe vorzustellen (Ulrike Gotthardt: Psychotherapie mit gehörlosen und schwerhörigen Menschen).

Unter einem anderen Blickwinkel wird das Thema „Hörschädigung und sexuelle Gewalt" in einem Gemeinschaftsreferat von Eva-Maria Nicolai und Antje Schwerdtfeger erörtert. Hier wird einerseits ausgeführt, wie sexuelle Gewalt Sinneswahrnehmungen beeinflusst und in vielen Fällen zur Sprachlosigkeit von Betroffenen führt, andererseits wird nachgezeichnet, wie sexuelle Gewalt in Verbindung mit einer Hörschädigung eine „doppelte Sprachlosigkeit" zur Folge haben kann.

Dem Interesse an interprofessioneller Vernetzung kommt ebenfalls der Beitrag von Pia Piel „Gehörlose Frauen – Leben in zwei Welten" entgegen, der sich mit der Situation gehörloser Frauen u. a. in den Bereichen Bildung, Gesundheit, Beruf und Familie beschäftigt.

Dieser Band gibt vielen Interessierten die Gelegenheit, „über den Tellerrand" der eigenen Profession zu schauen, Informationen und neue Erkenntnisse zu sammeln und zukunftsgerichtete Kooperations- und Verständigungsformen zu entwickeln. Unterschiedliche Arbeitsbereiche können sich begegnen und ohne Dogmatismus integrierende Theorie- und Praxisansätze entwerfen.

Die Referate und Workshops und somit auch die in diesem Band veröffentlichten Beiträge stellen die Möglichkeit einer zusätzlichen Qualifikation zur Verfügung, die sowohl die Qualität der Arbeit verbessert als auch die Motivation von Menschen unterstützt, die jeden Tag mit großen Herausforderungen an Fachlichkeit und Belastbarkeit konfrontiert werden.

Daher gilt ein besonderer Dank für die Unterstützung dem *Bundesministerium für Familie, Jugend, Frauen und Senioren*, das durch seine Zuwendungen die Durchführung dieser Fachtagung sowie die Herausgabe der nun vorliegenden Dokumentation ermöglichte.

Die TeilnehmerInnen der Fachtagung „Hörschädigung und sexuelle Gewalt" setzten sich entschieden für ein verbessertes Hilfsangebot für hörgeschädigte Menschen mit sexuellen Gewalterfahrungen ein und unterstützten die Einrichtung eines neuen, diesem Anspruch entsprechenden Projektes.

Wildwasser e. V. Berlin hat diesen Auftrag angenommen: Voraussichtlich im Frühjahr 2002 soll unter der Trägerschaft von *Wildwasser* die erste Beratungsstelle für hörgeschädigte Menschen mit sexuellen Gewalterfahrungen sowie für unterstützende Personen aus Familie und Umfeld entstehen.

Eva-Maria Nicolai
Berlin, im Juli 2001

II Die Bedeutung von kindlicher Hörschädigung für die kommunikative und emotionale Entwicklung in der Familie

Henriette Harms

Das sehr komplexe Thema der Auswirkungen kindlicher Hörschädigungen kann im Rahmen dieses Beitrags nur verkürzt dargestellt werden. Ich bitte hierfür um Verständnis.

1. Diagnostik

Hörstörungen können theoretisch bereits bei Säuglingen in den ersten drei Lebensmonaten diagnostiziert werden, und zwar mit einer objektiven Hörmessung im Schlafzustand. Dabei werden Veränderungen des EEG auf akustische Reize gemessen. Der Zeitpunkt der Diagnose „Hörbehinderung" hängt jedoch von vielen Faktoren ab. Hörbehinderung ist eine „unsichtbare" Behinderung und in den ersten Lebensmonaten durch Beobachtung häufig nur schwer feststellbar. Selbst wenn Eltern oder andere Personen den Verdacht einer Höreinschränkung haben, bedeutet es oft eine Odyssee (auch von ärztlichen Fehldiagnosen), bis eine spezialisierte Einrichtung gefunden wird, die eine altersgemäße, zuverlässige Audiometrie durchführen kann. Pauschal lässt sich sagen: Je geringer der Grad der Hörbehinderung ist, desto später wird sie erkannt. Es kommt aber auch immer wieder vor, dass gravierende Hörstörungen erst im Vorschulalter erkannt werden, so dass erst sehr spät mit einer fachgerechten Förderung und Beratung begonnen werden kann.

Grade von Hörbehinderung

Bei der Einteilung in verschiedene Grade der Hörbehinderung variieren die Angaben je nach Autor um ca. 10 Dezibel (dB). Auch die Bezeichnungen sind teilweise unterschiedlich.

Verlust des Hörvermögens in dB = Lautstärke

geringgradige Schwerhörigkeit	ca. 20–40 dB
mittelgradige Schwerhörigkeit	ca. 40–60 dB
hochgradige Schwerhörigkeit	ca. 60–75 dB
an Taubheit grenzende Schwerhörigkeit	ca. 75–90 dB
praktische Taubheit, Hörrestigkeit, Gehörlosigkeit	ca. ab 90 dB

Welcher Grad von Hörbehinderung diagnostiziert wird, ist außerdem abhängig vom individuellen Hörvermögen mit Hörhilfen, vom Verständnis der Lautsprache und von den Kompensationsmöglichkeiten der Hörbehinderung. Außerdem ist neben der fachlichen Fremdeinschätzung auch die persönliche Selbsteinschätzung der Hörbehinderten zu beachten, die sich unter Umständen unabhängig vom Grad der Höreinschränkung beispielsweise der Kultur der Gehörlosen und der Gebärdensprache zuordnen.

Hörhilfen

Wird eine Hörbehinderung diagnostiziert, so wird in der Regel sehr schnell ein Hörgerät verordnet, das über einen längeren Zeitraum entsprechend der Höreinschränkung angepasst wird. Hörgeräte ermöglichen bei vielen Kindern ein verbessertes Hören, allerdings wird das Hören nicht „normal": Die Hörbehinderung bleibt bestehen, auch ist der akustische Eindruck nicht mit dem von Normalhörenden zu vergleichen.

Durch die Entwicklung neuer Technologien gibt es auch in diesem Bereich große Veränderungen. Bereits in den ersten Lebensjahren kann ein Mädchen oder Junge mit einer gravierenden Höreinschränkung (zumeist bei hörrestigen Kindern) mit einem Innenohrimplantat, dem so genannten *Cochlear-Implant*, operativ versorgt werden. An solch ein „stärkeres Hörgerät" knüpfen mittlerweile viele Eltern große Hoffnungen für die Hör- und Sprachentwicklung ihrer hörbehinderten Kinder.

2. Die Bedeutung der Diagnose „Hörbehinderung" für die Familie

Auswirkungen auf die Eltern

Der Kontakt mit dem Kind ist ungestört, solange seine Reaktionen die Eltern dazu ermutigen, die Kommunikation in Gang zu halten, also solange die Eltern das Gefühl haben, dass „mit unserem Kind alles in Ordnung ist".

Die Hoffnung, ein normal hörendes Kind zu haben, wird spätestens bei der Diagnose enttäuscht. Für Eltern, die schon längere Zeit über ein „auffallendes" Verhalten ihres Kindes in Sorge waren und keine Erklärung dafür hatten, kann die Diagnose in gewisser Hinsicht eine Erleichterung sein: Sie wissen nun endlich den Grund für die Reaktionen ihres Kindes. Dieser „Erleichterungseffekt" tritt vor allem dann ein, wenn zuvor eine geistige Behinderung befürchtet worden war.

Dennoch ist für die meisten Eltern die Diagnose eine Erschütterung, die sich auf das gesamte familiäre Leben auswirkt. Sie ruft Verunsicherungen hervor, Gefühle von Schuld und Überforderung, Zukunftsängste und besonders bei hörenden Eltern häufig eine gewisse Fremdheit dem Kind gegenüber. Viele Eltern denken, dass sie bisher im Kontakt mit dem Jungen oder Mädchen alles falsch gemacht haben und dass sie alles komplett neu lernen müssen. Das bislang angewandte intuitive Kommunikationsverhalten (viel Blickkontakt, Lachen, Sprechen, Singen, Spielen, Körperkontakt usw.) verändert sich unter Umständen, wodurch es zu empfindlichen Kommunikationsstörungen kommen kann. Hörende Eltern sagen immer wieder: „Er/Sie hört mich ja sowieso nicht, warum soll ich da sprechen?" Auch glauben viele Eltern, dass das, was sie dem Kind geben, „nicht gut genug" sei. Sie denken häufig, dass ihr Kind so viel wie möglich „gefördert" werden müsse.

Beratung

In dieser Zeit ist eine fundierte Beratung sehr wichtig, die Eltern mit ihren Sorgen ernst nimmt, ihre Fragen beantwortet und sie durch Vermittlung adäquater Kommunikations-

möglichkeiten und in ihrem intuitiven Kontakt mit dem Kind stärkt. Eine zentrale Aufgabe der Beratung ist es, Mütter und Väter darin zu unterstützen, ihre Tochter/ihren Sohn mit seiner Hörbehinderung zu akzeptieren.

Auswirkungen auf das Kind

Auch für das Mädchen oder den Jungen sind die Unruhe und Verunsicherung im Kontakt mit den Eltern spürbar: Das Kind erlebt Veränderung in Mimik, Körperkontakt und Spiel; Blicke sind u. U. eher prüfend und besorgt als entspannt. Nicht selten kommt es zu familiären „Hörtests", um zu überprüfen, ob sich das Hörvermögen nicht doch verbessert hat. Auch der Umgang mit den Hörgeräten ist gewöhnungsbedürftig. Für Säuglinge sind sie eventuell beim Liegen unbequem, werden herausgezogen und in den Mund genommen. Oft entbrennen beim Wiedereinsetzen Machtkämpfe zwischen Eltern und Kindern. Die Akzeptanz der Hörgeräte ist erfahrungsgemäß abhängig von ihrem spür- und sichtbaren Erfolg für Kinder und Eltern.

3. Aspekte der Kommunikationsentwicklung bei schwerhörigen und gehörlosen Kindern

Allgemeine Aspekte

Je älter die Kinder werden, desto mehr vergleichen Eltern und umgebende Personen ihre Hör- und Sprachentwicklung mit derjenigen gleichaltriger hörender Mädchen und Jungen, und das Ausmaß der Hörbehinderung wird sichtbarer. Je nach Grad der Hörbehinderung und zusätzlichen Beeinträchtigungen ist die Sprachentwicklung verzögert. Das Nachplappern, die Silbenkettenbildung, das Sprechen erster Wörter entwickeln sich langsamer oder bleiben undeutlich. Das hörbehinderte Kind erlebt in den ersten Lebensjahren bereits einen hohen Erwartungsdruck an seine lautsprachliche Entwicklung. Diese starke Fixierung geht aus von Eltern und Angehörigen, aber auch von TherapeutInnen, ÄrztInnen, ErzieherInnen und LehrerInnen.

Oft kann die Familie außerdem nicht vollständig die Persönlichkeit, das Auffassungsvermögen und die Intelligenz ihres Kindes einschätzen.

Die Befriedigung von Bedürfnissen dauert für das Mädchen oder den Jungen oft sehr lange. Während gleichaltrige hörende Kinder schon Begriffe bilden können, müssen stärker hörbehinderte Mädchen und Jungen eventuell schreien, quengeln oder im besten Fall auf etwas zeigen, was sie wollen, sofern dieser Gegenstand in Sichtweite ist. Selbst wenn das Kind Begriffe bilden kann, wird es nicht immer auf Anhieb verstanden. Ebenso sind Fragen und Aussagen von Familienmitgliedern für das Kind nicht immer verständlich. Grenzziehungen können somit für beide Teile ein großes kommunikatives und emotionales Problem sein.

Dies ist ein belastender und frustrierender Zustand für Kind und Eltern. Beim hörbehinderten Mädchen oder Jungen können daraus Sprachhemmungen, Kontakt- und Verhaltensprobleme, Rückzug, Aggressivität und, besonders in hörenden Familien, Identifikationsprobleme folgen.

Kommunikationsentwicklung und Gebärden

Zu akzeptieren, dass sie mit dem eigenen Kind nicht in ihrer eigenen Muttersprache kommunizieren können, stellt viele hörende Eltern vor eine schwere Aufgabe. Sie haben die Befürchtung, ihr Kind an eine „fremde, gebärdende, gehörlose Welt" abgeben zu müssen. Die Möglichkeit, mit einem gravierend hörbehinderten Mädchen oder Jungen zu gebärden, wird von Seiten der Beratung und Frühförderung häufig als „letzte Möglichkeit" angeboten (die wenigsten „Frühförderer" können eigene Gebärdenkompetenz anbieten). Ein positiver Zugang zu Gebärden ist für Eltern daher sehr schwer. Auch viele gehörlose Eltern wollen nicht automatisch Gebärden (vor allem nicht in der Kindertagesstätte) für ihr hörbehindertes Kind, da auch sie häufig die Hoffnung haben, das Mädchen oder der Junge könne ohne Gebärdensprache besser sprechen lernen. Hier mag auch die eigene Erfahrung mit rein lautsprachlicher Erziehung eine Rolle spielen.

Ein Beispiel soll an dieser Stelle die Wichtigkeit adäquater Kommunikation für die emotionale und intellektuelle Entwicklung eines Kindes zeigen:

Ein vierjähriges Mädchen, das seit dem zweiten Lebensjahr mit Gebärdensprache in Kindertagesstätte und (hörender) Familie aufgewachsen ist, kann abends nicht einschlafen. Mittels Gebärden kann die Mutter sie nach dem Grund für ihre Unruhe fragen. Sie erzählt der Mutter, sie habe am Vormittag in der Kindertagesstätte ein kleineres, schwächeres Mädchen geschlagen. Jetzt schäme sie sich deswegen. Die Mutter kann im Verlauf des Gespräches mit ihrer Tochter klären, wie es zu der Auseinandersetzung gekommen ist. Sie findet mit ihr zusammen eine Lösung, die es der Tochter ermöglicht, ohne „Bauchschmerzen" in die Kindertagesstätte zu gehen und erneut Kontakt aufzunehmen.

Stehen Mädchen und Jungen diese Möglichkeiten der Begriffsbildung und Kommunikationsform nicht zur Verfügung, können sie nur erschwert das Erlebte und ihre damit verbundenen Gedanken und Gefühle für sich selbst definieren und verarbeiten. Diese den Eltern mitzuteilen und verstanden zu werden ist jedoch unverzichtbar für eine stabile emotionale, kognitive und sprachliche Entwicklung und für die gesamte Eltern-Kind-Beziehung.

4. Zusammenfassung

→ Eltern fühlen sich häufig den täglichen Anforderungen im Umgang mit dem Mädchen oder Jungen nicht gewachsen und konzentrieren ihre Hoffnung auf lautsprachliche Förderung. Elterliche Schuldgefühle, Unsicherheit und Verständigungsprobleme erschweren das Aushandeln von Regeln und Grenzen.

→ Erleben schwerhörige und gehörlose Mädchen oder Jungen, dass ihre Lautsprachentwicklung „nicht genügt", können emotionale, soziale, kommunikative, sprachausbildende und kognitive Entwicklungen stark behindert werden.

→ Die Lust an Kommunikation kann nur durch erfolgreiche Kommunikation entstehen und durch die Sicherheit, eine Sprache gemeinsam mit anderen anwenden zu können.

Literatur

HINTERMAIR, M.; HORSCH, U.: *Hörschädigung als kritisches Lebensereignis. Aspekte der Belastung und Bewältigung von Eltern hörgeschädigter Kinder.* Heidelberg: Groos 1998.

HINTERMAIR, M. (Hrsg.): *Möglichkeiten der Begegnung und des Austausches für Eltern hörgeschädigter Kinder. Wie soziale Beziehungen Eltern helfen können, Leben unter erschwerten Bedingungen positiv zu gestalten.* Hamburg: Verlag hörgeschädigte Kinder 1999.

JACOBSEN, B.: *Das Gebärdenbuch. Das kleine 1x1 der Gebärdensprache.* Hamburg: Jacobsen 1999.

LABORIT, E.: *Der Schrei der Möwe.* Bergisch Gladbach: Lübbe 1995.

LEONHARDT, A.: *Das Cochlear Implant bei Kindern und Jugendlichen.* München: Reinhardt 1997.

PLATH, P.: „Allgemeine Grundlagen des Hörens und seiner Störungen". In: Jussen, H.; Claussen, W. H. (Hrsg.): *Chancen für Hörgeschädigte.* München: Reinhardt 1991, S. 21–44.

PRILLWITZ, S.; WISCH, F.-H.; WUDTKE, H.: *Zeig mir Deine Sprache!* Teil 1: Zur Früherziehung gehörloser Kinder in Lautsprache und Gebärden. Hamburg: Signum 1991.

SACKS, O.: *Stumme Stimmen. Reise in die Welt der Gehörlosen.* Reinbek: Rowohlt 1992.

TOMMYS GEBÄRDENWELT. 1. CD-ROM. Kestner; Manual, Auto Devices 1999 CD.

III Sexuelle Gewalt gegen Kinder und Jugendliche

Senay Atilgan

Der folgende Beitrag soll einen Einstieg in die Thematik der sexuellen Gewalt ermöglichen. Neben Fakten sollen Beispiele einen emotionalen Zugang zum Thema möglich machen.

1. Einführung

„Laut polizeilicher Kriminalstatistik (PKS) des *Bundeskriminalamtes* (BKA) sowie des *Bundesministers des Inneren* (BMI) liegt die Zahl der aufgedeckten Fälle von Kindesmissbrauch bei rund 16 000 Fällen im Jahr" (GEWERKSCHAFT DER POLIZEI 1999, S. 24). Die Mehrzahl der Fälle kommt aber nicht zur Anzeige, weil Geheimhaltung ein wesentliches Merkmal des Syndroms der sexuellen Gewalt ist. Drei Viertel aller Missbrauchsfälle geschehen im sozialen Nahbereich der Jungen und Mädchen. Im Regelfall gibt es außer Täter und Opfer keine weiteren Zeugen. Die Dunkelziffer muss deshalb hoch angesetzt werden. Laut einer Veröffentlichung der Gewerkschaft der Polizei Anfang 1999 wird davon ausgegangen, dass in Deutschland derzeit jedes fünfte Mädchen und jeder 13. Junge vor dem Erreichen des 14. Lebensjahres mindestens einmal sexuell missbraucht wird (GEWERKSCHAFT DER POLIZEI 1999, S. 24).

Sexuelle Gewalt ist Ausdruck der herrschenden Macht- und Gewaltverhältnisse in der Gesellschaft. Überall dort, wo es um Macht- und Ausbeutungsverhältnisse geht, begegnen wir sexueller Gewalt als Mittel zur Unterdrückung von Schwächeren. Durch die Machtgefälle zwischen Mann und Frau, Erwachsenem und Kind, Deutschem und Nicht-Deutschem, Menschen ohne Beeinträchtigung und Menschen mit Beeinträchtigungen usw. wird Machtmissbrauch, wie er sich in sexueller Gewalt äußert, erst möglich. Strukturelle Machtungleichheit geht einher mit einer Abwertung der Personen, die am unteren Ende der Skala angesiedelt werden. Diese vielfältigen Abwertungen bilden die Basis, die Gewalt ermöglicht.

2. Definition

Sexueller Missbrauch

Bereits die Bezeichnung für sexuelle Übergriffe birgt Konfliktstoff. Obwohl der Begriff „sexueller Missbrauch" allgemein gebräuchlich ist, wird kritisiert, er suggeriere, dass es einen „richtigen Gebrauch" von Sexualität geben könnte. Zutreffender wäre der Gegenbegriff eines „richtigen Gebrauches" von Macht (vgl. HARTEN 1997, S. 109). Der Begriff „sexueller Missbrauch" ist im Laufe der Jahre Diskussionen und damit Veränderungen unterworfen gewesen. Inzwischen wird häufig der Begriff „sexualisierte Gewalt" benutzt, der zum Ausdruck bringen soll, dass es im Wesentlichen um Gewalt geht und Sexualität das Mittel der Gewalt- bzw. Machtausübung ist. In der Schweiz hat sich überwiegend der Begriff „sexuelle Ausbeutung" durchgesetzt.

Ausgehend davon, dass sexueller Missbrauch eng an Machtmissbrauch gekoppelt ist, sprechen wir von sexueller Gewalt. Sie liegt vor, wenn eine Person ihre Machtposition und die Unwissenheit, das Vertrauen und die Abhängigkeit eines Kindes für die Befriedigung seiner Bedürfnisse nach Macht in Verbindung mit Sexualität missbraucht.

Sexuelle Gewalt

Es gibt zahlreiche Definitionen zu sexueller Gewalt. Ich möchte hier diejenige von Suzanne Sgroi aufführen, die wesentliche Aspekte mit berücksichtigt:

„Sexuelle Ausbeutung von Kindern durch Erwachsene (oder ältere Jugendliche) ist eine sexuelle Handlung eines Erwachsenen mit einem Kind, das aufgrund seiner emotionalen und intellektuellen Entwicklung und aufgrund des ungleichen Machtverhältnisses zwischen Erwachsenen und Kindern nicht in der Lage ist, diesen sexuellen Handlungen informiert und frei zuzustimmen. Dabei nutzt der Erwachsene seine Autorität und die rechtliche, physische und psychische Abhängigkeit des Kindes sowie möglicherweise dessen Neugier, Zuneigung und Vertrauen aus, um das Kind zur Kooperation zu überreden oder zu zwingen. Zentral ist dabei die Verpflichtung zur Geheimhaltung, die das Kind zur Sprachlosigkeit und Hilflosigkeit verurteilt" (vgl. SGROI, 1989, und VOSS/HALLSTEIN, 1993).

Dabei ist ein Mädchen einem doppelten Gewaltverhältnis, dem Machtgefälle zwischen den Generationen und dem zwischen den Geschlechtern, unterworfen. Sexueller Missbrauch ist immer eine Gewalttat. „Persönliche Grenzen, der eigene Wille sowie das Recht auf körperliche und seelische Unversehrtheit werden missachtet, Vertrauen und Sicherheit zerstört und das Gefühl der Zugehörigkeit zur Welt außer Kraft gesetzt" (WILDWASSER MODELLPROJEKT 1993, S. 61).

Täter

Für Personen, die Kinder sexuell ausbeuten, verwenden wir das Wort Täter. Es sind überwiegend Männer und männliche Jugendliche, die Kinder sexuell missbrauchen. Es sind Väter, Stiefväter, Opas, Onkel, Brüder, Lehrer, Pfarrer, Nachbarn, Betreuer und andere Personen, die den Kindern nahe stehen. In einem weitaus geringeren Maße als durch Männer gibt es auch sexuelle Übergriffe durch Frauen; ihr Anteil liegt jedoch unter 10 %. Aus diesem Grund wird im Zusammenhang mit sexueller Gewalt allgemein der Begriff „Täter" verwendet. Der Täter plant den sexuellen Missbrauch bewusst; er entwickelt eine Strategie dazu und führt sie zielstrebig aus. In der Regel übernimmt er keine Verantwortung, weder für die Tat noch für die Folgen.

3. Dynamik bei innerfamiliärem sexuellem Missbrauch

Die Erfahrung lehrt, dass es keine Altersstufe gibt, in der Mädchen und Jungen vor sexuellen Übergriffen sicher sind. Kinder brauchen und wünschen sich eine Zuwendung, die der Entwicklung des Kindes entspricht, nicht jedoch der Bedürfnisbefriedigung des Erwachsenen dient. Der Täter knüpft an die Grundbedürfnisse des Kindes nach Zugehörigkeit, Wertschätzung, Aufmerksamkeit, Sicherheit, Respekt und Zärtlichkeit an und nutzt die emotionale Abhängigkeit sowie die Bedürftigkeit des Kindes zur Befriedigung eigener Bedürfnisse aus.

Bei innerfamiliärem Missbrauch sind in der Familie typisch:

→ Grenzüberschreitungen
→ Rollenkonfusion (wer ist Erwachsener – wer das Kind? Unklare Verantwortlichkeiten)
→ Beziehungskonflikte und andere Probleme werden über das Kind ausgetragen
→ Die Isolation des Kindes wird vom Täter forciert, so dass die Abhängigkeit vom Täter wächst

Findet der sexuelle Missbrauch in der Familie des Mädchens oder Jungen statt, bedeutet dies, dass es für das Kind keinen sicheren Ort mehr gibt.

Sexuelle Gewalt ist ein Syndrom von Geheimhaltung, Ambivalenz, Abhängigkeit und Grenzverletzung. Charakteristisch für die Dynamik von sexueller Gewalt sind Vertrauensbruch, Scham- und Schuldgefühle, Schweigen, Angst, Ohnmacht und Zweifel an den eigenen Wahrnehmungen und Gefühlen bei den Betroffenen. Im Folgenden sollen einzelne dieser Aspekte verdeutlicht werden.

Die Enttäuschung über den Vertrauensmissbrauch durch eine nahe stehende Person, von der das Kind abhängig ist, von der es Zuneigung, Nähe und Geborgenheit wünscht, sitzt bei den Betroffenen tief. Oft können die Kinder diesen Vertrauensbruch, der mit dem sexuellen Übergriff einhergeht, mit ihrer Gefühlswelt nicht zusammenbringen. Sie erleben eine starke Ambivalenz gegenüber dem Täter, denn er hat ja auch liebenswerte Seiten, die das Kind schätzt, liebt und braucht. Zudem erhält es von ihm die notwendige Zuwendung. Um diese Ambivalenz nicht aushalten zu müssen, wird die Wahrnehmung in Bezug auf den Täter oft gespalten in gute und schlechte Anteile. Die Betroffenen machen die grundlegende Erfahrung, dass ihr Bedürfnis nach Zuneigung zur Befriedigung der Bedürfnisse des Täters ausgenutzt und funktionalisiert wird. Sie erleben also, dass sie kein Recht auf bedingungslose Zuneigung haben. Diese Erfahrung wird oft prägend für die Ausgestaltung von zukünftigen Beziehungen. Die Betroffenen lernen, die Wünsche und Bedürfnisse anderer vor ihre eigenen zu stellen: Wenn sie sich von einem anderen Menschen Nähe, Zuneigung und Liebe wünschen, versuchen sie, durch vorauseilenden Gehorsam seine Bedürfnisse zu befriedigen, und hoffen, so zu bekommen, was sie selbst brauchen.

Scham- und Schuldgefühle

In der Dynamik des sexuellen Missbrauchs sind Scham- und Schuldgefühle für die Betroffenen prägend. Unterschiedliche Aspekte solcher Empfindungen sollen im Folgenden verdeutlicht werden:

Wenn Mädchen und Jungen beim sexuellen Missbrauch unter Umständen auch angenehme körperliche Gefühle der sexuellen Erregung erleben, ist dies für sie zugleich sehr verwirrend und beschämend. Dass der eigene Körper aufgrund der Manipulation teilweise angenehme Empfindungen haben kann, obwohl das Kind es nicht will und Ekel empfindet, wird dem Körper lange nicht verziehen. Das Gefühl, dem eigenen Körper nicht trauen zu können, und die Scham darüber werden zentral.

Betroffene berichten, dass sie sehr wohl die Grenzüberschreitung zwischen Zärtlichkeit, die sie ersehnt und genossen haben, und sexueller Gewalt, die sie verwirrte und anwiderte, erspürt haben. Da sie die Zärtlichkeit genossen und gewollt haben, wird ihnen glauben gemacht, dass sie den „Rest" auch zu wollen haben. In diesem Punkt trifft die Suggestion des Täters auf die innere Not des Opfers, wobei er diese Not verstärkt und die Verwirrung des Opfers nutzt, um seine Wahrnehmung umzudeuten. Hierzu möchte ich gerne ein Beispiel von Teresa Strong (aus: BASS/DAVIS 1992) zitieren:

„Und seine Berührung ist sanft, und er streichelt mich, und ich weiß nicht, was passiert, aber es fühlt sich an, als stehe ich unter Strom, als ob das Leben durch mich hindurchfließt. Und es ist schön, berührt zu werden, und manchmal tue ich, als ob ich schlafe, und manchmal schlaf ich noch, und er macht weiter, [...] und dann irgendwo in dem Beben und in diesem

Gefühl, dass das Leben durch mich hindurchfließt, blitzt es plötzlich auf: Gefahr! Gefahr! Gefahr! Halt! Und in dem Moment wird er schneller, und er streichelt mich nicht mehr, [...] Er grapscht und reibt und drückt mich herunter und liegt über mir. [...] aus einem Augenwinkel seh ich nur noch den Himmel und ein Blatt. Daran halte ich mich fest. [...] Und ich halt mich mit meinem Auge am Himmel fest, und mein Großvater flüstert mir ins Ohr: ‚Oh, Süße, schau, wie dir das gefällt, und das Schönste kommt noch.‘ [...] Er sagt auch, wenn herauskommt, wie gern ich das hab (bei diesen Worten streichelt er mich wieder wie lange nicht, und es gefällt mir wirklich), krieg ich Ärger. Nur Nutten, böse Mädchen, Verrückte lassen sich gerne so anfassen.“
(BASS/DAVIS 1992, S. 76)

Der Täter suggeriert, dass der oder die Betroffene das Geschehen initiiert und gewollt habe, verdreht die Verhältnisse und verschiebt die Verantwortlichkeit für seine Tat auf das Opfer. Dies verstärkt bei den Betroffenen die Verwirrung, die Scham über die körperliche Erregung und die Wut auf sich selbst, die sexuelle Handlung nicht verhindert zu haben, so dass sie sich schließlich schuldig fühlen. Die Schuldübernahme durch die Betroffenen wirkt zugleich den unerträglichen Ohnmachtsgefühlen entgegen: Denn schuldig sein heißt auch, handlungsfähig gewesen zu sein.

Geheimhaltedruck

Der Geheimhaltedruck nimmt einen zentralen Platz in der Dynamik des sexuellen Missbrauchs ein. Die Verschwiegenheit der Betroffenen über den Missbrauch wird durch den Täter auf unterschiedlichen Wegen sichergestellt, z. B. durch emotionale Zuwendung, durch Geld, Geschenke, Privilegien oder auch Androhungen von Gewaltanwendung. Dabei spielen die Zuweisung von Schuld und Verantwortung für den sexuellen Missbrauch an die Betroffenen und das Deutlichmachen von Machtunterschieden („Sie werden einem Kind nicht glauben!“) neben Bedrohungen jeglicher Art eine wichtige Rolle. Die Betroffenen bringen einen beachtlichen Teil ihrer Energie auf, um das Schweigegebot aufrechtzuerhalten.

Das Schweigegebot ist oft so nachhaltig, dass Betroffene auch Jahre nach Beendigung des Missbrauchs nur schwer und teilweise gar nicht darüber sprechen können.

Kleineren Kindern fehlt oft die sprachliche Möglichkeit, zu benennen, was mit ihnen gemacht wird. Oft gibt der Täter dem sexuellen Missbrauch den Anschein einer Normalität, die selbstverständlich dazu gehört, und nicht selten baut er den sexuellen Übergriff in ein Spiel ein. Selbst wenn das Mädchen oder der Junge sich mitteilt, ist für Außenstehende nicht klar ersichtlich, dass es sich dabei um sexuellen Missbrauch handelt.

So erzählte ein dreijähriges Mädchen ihrer Mutter, die sich Hilfe in unserer Beratungsstelle suchte, dass ihr Opa mit ihr immer „Hunde" spielen würde. Das Mädchen sprach immer wieder davon, bis die Mutter ihr anbot, das Spiel auch einmal mit ihr zu spielen. Dabei stellte sich heraus, dass bei diesem Spiel der Opa und das Mädchen, unbekleidet auf allen vieren, sich gegenseitig im Genitalbereich beschnuppern und belecken.

Auch wenn betroffene Kinder sich an das Schweigegebot halten, so entwickeln sie doch ihre jeweils eigene Strategie, um mit den sexuellen Übergriffen leben bzw. diese für sich verarbeiten zu können.

Viele Betroffene, aber nicht alle, geben Hinweise auf ihre Not. Es gibt Mädchen und Jungen, die große Energien aufbringen, um nicht aufzufallen, um nicht „schwierig" zu sein. Andere malen Bilder über den sexuellen Missbrauch, spielen mit anderen Kindern den Missbrauch nach oder entwickeln andere Verhaltensauffälligkeiten. Es gibt jedoch keine direkte Korrelation zwischen Symptomen und dem Erleben sexueller Gewalt. Eine Schlussfolgerung wie „Wenn ein Kind dieses oder jenes Verhalten zeigt, dann ist es sexuell missbraucht worden" ist daher unzulässig. Der einzige eindeutige Hinweis auf sexuelle Gewalt ist daher die Schilderung eines Kindes davon, was mit ihm gemacht wurde, eine Beschreibung seiner Gefühle und der sinnlichen Wahrnehmung wie Geruch und Geschmack.

Das folgende Beispiel aus „*Gewalt im Spiel*" soll verdeutlichen, welche Ausdrucksformen Kinder wählen können.

Ilona (inzwischen 42 Jahre alt, von ihrem Vater ab ihrem 8. Lebensjahr sexuell missbraucht) erzählt:

> „*Sie hatten eine schwierige Tochter. Sie störte dieses Glück im DIN-A4-Format. Sie machte ins Bett und in die Hosen, ließ niemanden an sich ran, war kratzbürstig. Sie trieb sich mit Kindern aus der Gosse herum, klaute und machte schmutzige Zeichnungen über das heilige Band der Liebe zwischen Mann und Frau: ein Mann mit Ständer, ein Mann, der seinen Schwanz zwischen die Beine einer Frau steckt. Eine kleine Frau ohne Busen, ein großer Mann mit tropfendem Riesenschwanz. Mann und Frau ohne Gesicht, nur Schwanz und Loch. Sie wird gefragt, woher sie das hat, ob sie weiß, was das soll. Sie sagt nichts, ist verstockt und störrisch, dickköpfig und eigensinnig. Sie schreibt Wörter aufs Papier, die als schweinisch gelten. Ficken, Fotze, Bumsen, Eier, Schwanz, Titten. Mit zehn Jahren zieht sie sich im Garten die Unterhose aus und versucht, mit einem Jungen zu ficken. Sie werden erwischt und zur Rede gestellt. Der Umgang mit dem Jungen wird ihr verboten. Der Vater sagt zu ihr: ,Das hätte ich nicht von dir gedacht, ich bin enttäuscht von dir.' Das tut weh.*"

(THEATER ROTE GRÜTZE 1987, S. 14 f.)

Ängste, Abhängigkeit

Betroffene Mädchen und Jungen haben vielfache Ängste, die ihr Schweigen verständlich erscheinen lassen: Sie haben Angst, mit dem Täter allein zu sein, Angst vor seinen sexuellen Übergriffen und seinen Drohungen. Sie wagen nicht, das Schweigegebot zu brechen, das Geheimnis zu verraten, sie haben Angst, dass ihnen niemand glauben wird. Sie fürchten sich vor den Konsequenzen, die der Täter angedroht hat, vor dem Verlust an Bindungen und Beziehungen. Sie wissen nicht, was in Zukunft sein wird, ob sie dann geschützt und versorgt werden, und sie glauben schließlich, dass irgendetwas mit ihnen nicht stimmt, dass sie selbst schlecht sind, da mit ihnen so „etwas Schlechtes" gemacht wird.

Verkehrung der Werte

Es findet eine Vertauschung von „gut" und „böse" statt. Das Kind ist „gut", wenn es schweigt. Es schützt scheinbar die Geschwister und den Vater und schont die Mutter. Es bekommt die Verantwortung für die Sicherheit des Zuhauses übertragen. Dadurch kommt es zu einer Umwertung konventioneller Werte. Eine Lüge aufrechtzuerhalten, um das Geheimnis zu wahren, ist ein elementarer Wert, während es die größte Schande wäre, die Wahrheit zu sagen. Diese Anpassung an die Situation, die auch als Überlebensstrategie gesehen werden kann, macht das Kind in Zukunft unglaubwürdig. Für Außenstehende bedeutet dies oft, dass das Kind entweder jetzt lügt, oder es hat früher gelogen.

Widerstandsstrategien

Kinder entwickeln unterschiedliche Widerstandsstrategien, um die sexuelle Gewalt zu verhindern. Ich möchte hier einige Beispiele aus der Praxis benennen:

Mädchen berichten von ihren Versuchen, für den Täter unattraktiv zu wirken, einige waschen sich nicht mehr, entwickeln Essstörungen (essen sich eine Schutzschicht an oder magern ab als Ausdruck ihrer Ablehnung ihrer Weiblichkeit und Körperlichkeit).

Andere ziehen mehrere Lagen Unterwäsche und Schlafsachen übereinander, um den Missbrauch unmöglich zu machen. Wieder andere berichten, dass der Täter das Türschloss ausgebaut hat, damit die Zimmertür nicht abgeschlossen werden konnte, oder dass der Wunsch des Kindes, nicht allein im Zimmer schlafen zu müssen, vom Täter unter dem Vorwand einer Erziehungsmaßnahme verwehrt wurde.

Viele Mädchen erzählen, dass sie große Angst vor dem Einschlafen hatten und versuchten, es so weit wie möglich hinauszuzögern, um nicht im Schlaf vom Täter unvorbereitet überrascht zu werden. Andere Mädchen halten die Spannung nicht aus und entscheiden, selbst zum Täter zu gehen, um „es schnell hinter sich zu bringen". So wird von den Betroffenen versucht, dem Gefühl des Ausgeliefertseins entgegenzutreten, das die unberechenbare Bedrohung in ihnen auslöst. Dabei können sie sich als selbstbestimmte und handlungsfähige Person erleben.

Überlebensstrategien

Neben den Versuchen, den sexuellen Übergriff zu verhindern, entwickeln Betroffene verschiedenste Strategien, um zu überleben, das Erlebte zu verdrängen, zu verharmlosen oder zu kompensieren.

Viele Betroffene berichten, dass sie sich beim sexuellen Übergriff tot gestellt haben, andere wiederum dissoziieren: Sie gehen aus ihrem Körper heraus, um den Schmerzen und Gefühlen während des sexuellen Missbrauchs entfliehen zu können. Beispielsweise berichtet Petra (inzwischen 30 Jahre alt, sie wurde von ihrem 8. bis 14. Lebensjahr vom Stiefvater sexuell missbraucht):

> *„Und ich wusste nicht, wie ich mich dagegen wehren sollte, da hab ich nur dagelegen und gedacht, lieber Gott, bitte, bitte, es soll aufhören. Weiter eigentlich nichts. Ich meine, du denkst ja, dass Wunder geschehen und das hört mal auf. Eklig. Das war eklig. Ich hab so getan, als ob ich nicht da bin. Wenn's gegangen wär, hätt ich vielleicht auch das Atmen eingestellt. Nicht bewegen. Irgendwie war bei mir so ein Totstellen. Totstellen!"*
> (THEATER ROTE GRÜTZE 1987, S. 9ff.)

In der sexuellen Gewalt erlebt das Kind, wie sein Körper als Objekt zur Macht- und sexuellen Befriedigung des Erwachsenen benutzt wurde. Das erlebte Trauma wird auch auf der körperlichen Ebene gespeichert. Der Körper erinnert an den Missbrauch und wird als eine Folge davon abgelehnt. Durch die massive Grenzverletzung wird als Strategie, um das Überleben gesunder Anteile zu sichern, der Körper vom Selbst abgespalten.

Dieser Schutzmechanismus, die unangenehmen Gefühle und den Körper vom Selbst abzuspalten, hilft den Betroffenen, die Situation zu ertragen. Oft bleiben die Strategien auch über den Missbrauch hinaus erhalten, so dass die Betroffenen unter Umständen den Kontakt zu sich selbst, ihrem Körper und ihren eigenen Gefühlen verlieren.

4. Sexueller Missbrauch bei nichtdeutschen Kindern

Sexueller Missbrauch kommt in allen Gesellschaftsschichten, Religionen und Kulturen vor. Bei Mädchen mit islamischer Sozialisation *kann* Zwangsverheiratung als ein weiteres Problem in Form von angedrohter sexueller Gewalt hinzukommen. Die Dimension der Bedeutung des Ehrbegriffs, gekoppelt an die Jungfräulichkeit bzw. „Unversehrtheit" des Mädchens, *kann* für die Betroffenen in mehreren Lebensebenen beträchtliche Probleme mit sich bringen. Die Betonung liegt auf „*kann*", da die Bedeutung der tradierten Normen in jeder Familie anders ausgeprägt ist und in vielen Zwischentönen unterschiedlich gelebt wird. So kann jeder Versuch, eine allgemein gültige Aussage treffen zu wollen, nur scheitern, da eine solche Aussage den Menschen und ihren Lebenswirklichkeiten nicht gerecht werden kann.

Die Dynamik sowie der Verlauf von sexuellem Missbrauch und die Folgen für die Betroffenen sind, trotz unterschiedlicher kultureller Zugehörigkeit, sehr ähnlich. Bei Mädchen aus Migrantenfamilien kommen jedoch zusätzliche Probleme hinzu, die das Leben als Nichtdeutsche in einer Dominanzgesellschaft prägen: Neben der strukturell im Ausländerrecht festgeschriebenen Ungleichheit erfahren sie als Nichtdeutsche eine gesellschaftliche Abwertung und Ablehnung, die sich auf mehreren Ebenen äußert (vgl. ATILGAN 1996):

→ rechtlich durch den ungleichen Rechtsstatus (siehe Ausländerrecht),
→ sprachlich, da der Begriff „Ausländer" eine soziale Abwertung und Ausgrenzung beinhaltet,
→ sozial durch die Nichtanerkennung als Teil der Gesellschaft und
→ politisch durch erzwungene Unmündigkeit.

Die Familie als System bekommt unter diesen gesellschaftlichen Bedingungen eine wichtige Funktion: Sie bietet Schutz und Geborgenheit gegenüber der Ablehnung von „außen", die zur Lebensrealität vieler MigrantInnen gehört. Diese gesellschaftlichen Rahmenbedingungen dürfen in der Arbeit mit Betroffenen aus Migrantenfamilien nicht außer Acht gelassen werden.

So kann auch das Schweigen bei Betroffenen aus Migrantenfamilien noch weitere Funktionen haben. Für sie erweist es sich als besonders schwierig, sich bei innerfamiliärem Missbrauch nach „außen" zu wenden. Neben der begründeten Furcht, die Vorurteile der Dominanzkultur mit der Offenlegung des sexuellen Missbrauchs zu bestärken, erleben die Betroffenen auch ein Gefühl des Verrats an der eigenen kulturellen Herkunft. Oft zahlen sie einen sehr hohen Preis für die Entscheidung, sich Hilfe zu holen: Abbruch der Beziehung zur Familie, einhergehend mit dem Abbruch sämtlicher Kontakte zu Verwandten und Freunden der Familie; auch Kontakte in Herkunftsländer können oft nicht gehalten werden. Viele Betroffene befürchten, als Verräterin angesehen zu werden, die Schande über die Familie gebracht hat; sie ziehen es daher vor, den wahren Grund für ihren Weggang nicht bekannt zu machen. Bei dieser Entscheidung spiegelt sich auch die Angst vor ausländerrechtlichen Konsequenzen für die Familie, also die Angst vor Ausweisung bei Straftaten wider. Diese Angst drückt sich auch im Misstrauen gegen deutsche Hilfsinstitutionen aus. Nicht selten haben Mädchen mehrere Suizidversuche hinter sich, bevor sie sich entscheiden, die Familie zu verlassen. Auch in Hinblick auf die Thematik „Hörschädigung und sexuelle Gewalt" ist es wichtig zu betonen, dass die Erlebnissprache der sexuellen Gewalt die Betroffenen und die Arbeit mit ihnen in besonderer Weise tangiert. Die Wahl der Sprache kann Distanz oder Nähe zum Erleben der sexuellen Gewalt ausdrücken.

In der Arbeit mit nichtdeutschen Betroffenen sind die professionellen HelferInnen gefordert, trotz wichtiger kulturspezifischer Kenntnisse auch die notwendige Sorgfalt und Sensibilität zu zeigen. Sie sollten die Betroffenen nicht in erster Linie als VertreterInnen einer Kultur ansehen, sondern ihnen so viel Offenheit, Neugier und Respekt entgegenbringen, sie vorrangig als Individuen wahrzunehmen. Dabei dürfen natürlich die Sozialisationsbedingungen in der Dominanzkultur nicht außer Acht gelassen werden. Meine Erfahrung zeigt, dass dies eine schwierige, aber nicht unmögliche Gratwanderung ist.

5. Folgen

Die Auswirkungen und Folgen von erlebter sexueller Gewalt sind unterschiedlich. Eva-Maria Nicolai und Antje Schwertfeger gehen in ihrem Beitrag in diesem Band ausführlicher auf die Folgen von sexueller Gewalt ein. Generell kann jedoch festgehalten werden: Je größer der Altersabstand zwischen Täter und Opfer ist, je größer die verwandtschaftliche Nähe ist, je länger der Zeitraum, über den sich der Missbrauch erstreckt, je jünger das Kind bei Beginn der sexuellen Übergriffe war, je mehr Gewalt angedroht oder angewendet wurde, je vollständiger die Geheimhaltung ist und je weniger schützende Beziehungen zu Vertrauenspersonen bestehen, umso gravierender sind die Folgen für die Betroffenen.

Das Ausmaß der Schädigung hängt außerdem davon ab, ob dem Kind geglaubt wird, wenn es sich mitteilt, und welche Konsequenzen daraus gezogen werden.

6. Professioneller Umgang mit dem Problem sexueller Gewalt

Für professionelle HelferInnen ist die Frage des Umgangs mit sexueller Gewalt von wesentlicher Bedeutung. Um angemessen auf die Problematik reagieren zu können, sind bestimmte Voraussetzungen notwendig:

→ Information und Wissen um die Problematik;
→ Wissen um die Dynamik und die Folgen sexuellen Missbrauchs;
→ Reflexion der männlichen und weiblichen Rolle in unserer Gesellschaft;
→ Reflexion von männlicher Gewalt und Sexualität;
→ Bereitschaft, sexuelle Gewalt wahrzunehmen;

→ Auseinandersetzung mit den eigenen Opfer- und/oder Täteranteilen;

→ Auseinandersetzung mit den eigenen Gefühlen, die durch die Konfrontation mit der Problematik ausgelöst werden;

→ Bereitschaft, Verantwortung zu übernehmen;

→ Bereitschaft, Konsequenzen zu ziehen.

Wichtig ist, dass wir als HelferInnen in der Lage sein müssen, über sexuelle Gewalt zu sprechen. Das fängt damit an, dass wir umgangssprachliche Worte unbefangen benutzen können und wissen, was Täter tun, wenn sie Kinder sexuell ausbeuten, und es erfordert auch, die eigenen Gefühle zu kennen und damit umgehen zu lernen. Die Erfahrung zeigt, dass nur das mitgeteilt wird, was die HelferInnen sich auch vorstellen und verkraften können.

Es ist wichtig, die eigenen Gefühle von Angst, Verwirrung, Abscheu und Hilflosigkeit ernst zu nehmen und die Entscheidung zu aktivem Eingreifen davon abhängig zu machen. Sinnvoll ist auch, vorher die Arbeitssituation zu überprüfen:

→ Möglichkeiten und Grenzen der Arbeitsstelle (beispielsweise prüfen, ob eine intensive Unterstützung Betroffener überhaupt möglich ist)

→ Verpflichtungen, Handlungsspielräume und Schutzmöglichkeiten abklären

→ BündnispartnerInnen innerhalb und außerhalb der Arbeitsstelle suchen und unter Umständen fachlichen Rat bei Beratungsstellen einholen

Zusammenarbeit ist in jedem Fall wichtig. Niemand kann sexuelle Gewalt allein aufdecken, beenden und dafür sorgen, dass die Betroffenen mit den Folgen der Aufdeckung fertig werden (vgl. ANDERSEN/LARONDELLE).

7. Perspektive – Ausweg aus dem Dilemma

Ich möchte mit den Worten von Judith Hermann abschließen:

„Fortschritte gibt es auf diesem Gebiet nur, wenn eine starke politische Bewegung die Wissenschaft in der Erforschung psychischer Traumata unterstützt, indem sie das Bündnis von WissenschaftlerInnen und PatientInnen rechtfertigt und den üblichen gesellschaftlichen Prozess der Verdrängung und Verleugnung unterbindet. [...] Verleugnung, Verdrängung und Dissoziation gibt es im gesellschaftlichen Bewusstsein genauso wie im individuellen Bewusstsein" (*Herman* 1993, S. 20).

In diesem Sinne begrüße ich diese Fachtagung, die meines Wissens die erste dieser Art in Berlin ist, und freue mich, dass Hörende und Nichthörende zu diesem Thema arbeiten, sich austauschen und Erfahrung sammeln.

Literatur

ANDERSEN, DIETKE; LARONDELLE, KATHARINA: *Sexuelle Gewalt.* Unveröffentlichtes Manuskript.

ATILGAN, SENAY: *Theoretische Konzepte zum „Kulturkonflikt" im Zusammenhang mit Lebenswirklichkeiten von jungen Türkinnen.* Unveröffentlichte Diplomarbeit, Berlin: 1996.

BASS, ELLEN; DAVIS, LAURA: *Trotz Allem. Wege zur Selbstheilung für sexuell missbrauchte Frauen.* 4. Auflage. Berlin: Orlanda Frauenverlag / Donna Vita (verlag mebes & noack) 1992.

AMANN, GABRIELE; WIPPLINGER, RUDOLF (Hrsg.): *Sexueller Missbrauch. Überblick zu Forschung, Beratung und Therapie. Ein Handbuch.* Tübingen: dgvt-Verlag 1997.

GEWERKSCHAFT DER POLIZEI: *Das Tabu: Sexuelle Gewalt. Sexuelle Gewalt gegen Frauen und Kinder. Sexuelle Gewalt in der Familie. Kinderpornographie im Internet.* Hilden: Verlag Deutsche Polizeiliteratur GmbH 1999.

HARTEN, HANS-CHRISTIAN: „Zementierung der Geschlechterrollen. Sozialisationstheoretische Überlegungen." In: Amman, G.; Wipplinger, R. (Hrsg.): *Sexueller Missbrauch. Ein Handbuch.* Tübingen: dgvt-Verlag 1997.

HERMAN, JUDITH: *Die Narben der Gewalt.* München: Kindler 1993.

SGROI, SUZANNE: *Vulnerable Populations, Band 2.* Lexington: 1989.

THEATER ROTE GRÜTZE: *Gewalt im Spiel.* Frankfurt a. M.: Verlag Autorenagentur 1987.

VOSS, ANNE; HALLSTEIN, MONIKA: *Menschen mit Behinderungen. Schriftenreihe Sexueller Missbrauch*, verlag mebes & noack 1993.

WILDWASSER MODELLPROJEKT 1993, Arbeitsbericht

IV   Hörschädigung und sexuelle Gewalt

Annika von Walter

1. Einleitung

Die Verortung der eigenen Position und des eigenen Blickwinkels ist für das Verständnis eines Beitrages sinnvoll und notwendig. Daher möchte ich an dieser Stelle meinen persönlichen Blickwinkel zumindest ansatzweise nennen: Ich bin hörend. Wenn ich über „Hörschädigung und sexuelle Gewalt" schreibe, so ist dies das Ergebnis vieler Gespräche mit hörgeschädigten Menschen und kann daher immer nur mein Außenblick auf die Gruppe der Hörgeschädigten sein. Daher erhebe ich keinen Anspruch auf Vollständigkeit, sondern stelle meine Ausführungen zur Diskussion.

Warum macht das Thema „Hörschädigung und sexuelle Gewalt" Sinn? Ist die Zielgruppe nicht viel zu klein, um sie so gesondert zu behandeln? Ist die Spezialisierung nicht irgendwann an einem Punkt angekommen, der sich im Detail verliert? Warum kann man die hörgeschädigten Menschen, die von sexueller Gewalt betroffen sind, nicht genauso behandeln wie hörende Betroffene? Oder zumindest wie alle Menschen mit Behinderungen, die von sexueller Gewalt betroffen sind? Es gibt vier Gründe hierfür:

→ Der wohl augenfälligste Grund ist die **Kommunikation:** Die meisten hörgeschädigten Menschen brauchen zur Kommunikation irgendeine Art der visuellen Unterstützung: Gebärdensprache, lautsprachbegleitende Gebärden oder zumindest ein deutliches Mundbild. Das bedeutet in der Arbeit gegen sexuelle Gewalt: Wer mit Hörgeschädigten arbeitet, sollte entweder über Gebärdenkenntnisse verfügen, also z. B. selbst hörgeschädigt sein, oder zumindest Erfahrung in der Kommunikation mit Hörgeschädigten haben. Oder es muss ein Dolmetscher oder eine Dolmetscherin dabei sein, was bei diesem Thema oft schwierig ist.

→ Ein weiterer Aspekt ist die **Lebenssituation hörgeschädigter Menschen**: Fast alle hörgeschädigten Kinder und Jugendlichen wachsen in sonderpädagogischen Institutionen auf. Angefangen mit Kindergarten und Kindertagesstätte, über Hort, Vorschule und Gehörlosen- oder Schwerhörigenschule bis hin zur Berufsschule für Hörgeschädigte oder Berufsbildungswerk. Vor allem in ländlicher Umgebung oder bei Schulen, die einen Realschulabschluss oder Abitur anbieten (was relativ selten der Fall ist), sind viele Kinder in Internaten untergebracht. Das bedeutet, dass die Kinder institutionalisiert aufwachsen, was einen ganz wesentlichen Einfluss auf ihre Lebenssituation hat. Institutionalisierung bedeutet einerseits eine zumindest weitgehende Isolation von hörenden Gleichaltrigen und eine Stigmatisierung im Sinne einer deutlichen Abgrenzung zwischen hörenden und hörgeschädigten Kindern. Andererseits bringt die Institutionalisierung jedoch auch ein Zuhause mit sich, eine Heimat, und einen Ort, an dem (oft genug im Gegensatz zur eigenen Familie) endlich einmal uneingeschränkte Kommunikation möglich ist. Aus der Institutionalisierung und somit der Konzentration auf größere Städte bzw. Orte, in denen es Schulen gibt, entstehen Gruppen, Vereine und Clubs, in denen die Kontakte untereinander meist weit über die Schulzeit hinaus bestehen bleiben. Das Leben in Institutionen bedeutet also nach außen eine Abgrenzung und Einschränkung gegenüber Hörenden, nach innen jedoch die Bildung einer eigenen Gruppe und einer eigenen Kultur. Die Lebenssituation der meisten Hörgeschädigten ist also gekennzeichnet durch das Leben in einer sprachlichen und kulturellen Minderheit innerhalb einer hörenden und lautsprachlichen Mehrheit.

→ Womit wir beim dritten Punkt wären: **die kulturelle Identität.** Die Gemeinschaft der Gehörlosen und, eingeschränkt bzw. in einem anderen Sinne, auch die Gemeinschaft der Schwerhörigen ist eine eigene und historisch gewachsene Kultur. Die Zugehörigkeit zu einer Kultur ist immer und bei allen Menschen ein ganz wesentlicher Bestandteil der eigenen Identität. Und die Identität Hörgeschädigter, die sich eben über die Zugehörigkeit

zur Kultur der Gehörlosen oder Schwerhörigen und zur Sprach-
gemeinschaft definiert, muss in der Arbeit mit Hörgeschädigten
berücksichtigt und respektiert werden. Wenn dies nicht geschieht, geht die Arbeit an der Zielgruppe vollkommen vorbei. In
der Praxis bedeutet dies, dass hörgeschädigte Menschen, die sexuelle Gewalt erlebt haben, sich unter Umständen sehr viel eher
an eine andere hörgeschädigte Person wenden, unabhängig von
deren Beruf oder Professionalität, weil sie aus dem eigenen Kul-
turkreis stammt. Dagegen werden nur ungern – und oft eben
auch gar nicht – professionelle Beratungsangebote für Hörende
in Anspruch genommen.

→ Ein vierter Grund für eine solche Spezialisierung des Themas
ist der **Zugang zum Hilfesystem.** Sexuelle Gewalt ist immer sexuelle Gewalt, ganz egal, ob sie behinderte oder nichtbehinderte Menschen oder eben hörende oder hörgeschädigte Menschen betrifft. Aber das in den letzten 20 Jahren entstandene
soziale Netz für Opfer von sexueller Gewalt ist sehr unterschiedlich zugänglich: Für Menschen mit Behinderungen ist es oft nur
eingeschränkt zugänglich, wobei diese Einschränkungen je nach
Art und Grad der Behinderung sehr unterschiedlich sind. Für
Menschen mit einer Hörschädigung liegt die Einschränkung zum
einen in den Kommunikationsschwierigkeiten mit den professionellen Helfern und Helferinnen des Hilfesystems und zum anderen in der oben beschriebenen Lebenssituation als kulturelle und
sprachliche Minderheit innerhalb einer hörenden Mehrheit.

Die Zugänge zum Hilfesystem so zu gestalten, dass sie für Menschen
mit Hörschädigung zugänglich werden, ist das zentrale Thema, um
das es im Folgenden gehen wird, und zugleich die Aufgabe, der wir
uns stellen müssen. Zum einen möchte ich eine Reihe von Faktoren
nennen, die hörgeschädigte Kinder einem besonderen Risiko der
sexuellen Gewalt aussetzen und die daher einen Zugang zum
Hilfesystem besonders notwendig erscheinen lassen. Zum
anderen werde ich die Ergebnisse aus einem Projekt vorstellen, das ich 1999 in Zusammenarbeit mit *Wildwasser*

Berlin durchgeführt habe. Sowohl die Risikofaktoren als auch die Projektergebnisse liefern viele Hinweise, wo und wie Zugänge zum Hilfesystem eröffnet werden können.

2. Risikofaktoren

Hörgeschädigte Kinder unterliegen einer Reihe von Risikofaktoren, die sicherlich nicht Ursache von sexueller Gewalt sind, die jedoch sexuelle Gewalt begünstigen können. Das bedeutet, dass keiner dieser Faktoren zwingend sexuelle Gewalt nach sich zieht, genauso wenig wie das Nichtvorhandensein eines oder mehrerer Faktoren sexuelle Gewalt verhindern könnte. Dennoch sind es Faktoren, die das Risiko vergrößern, sexuelle Gewalt zu erleben (vgl. hierzu auch v. WALTER 1997, S. 553 ff.).

Aufgrund weiter Entfernungen zwischen Wohnort und Schule sind viele hörgeschädigte Mädchen und Jungen zum Teil schon ab dem dritten Lebensjahr in **Heimen oder Internaten** untergebracht. Das bedeutet eine sehr frühe Trennung von der Familie und unter Umständen eine Zerstörung der bis dahin entstandenen Mutter-Kind-Beziehung. Die Mädchen und Jungen wachsen in einer relativ großen Gruppe von anderen Kindern auf, in der ein so enger Kontakt wie der zwischen Mutter und Kind gar nicht erst entstehen kann. Für das Kind kann dies emotionale Schwierigkeiten und eine **emotionale Instabilität** nach sich ziehen. Instabilität bedeutet Unsicherheit, mangelndes Selbstbewusstsein, fehlendes Selbstvertrauen. Andererseits sind Selbstsicherheit, Selbstbewusstsein und Vertrauen in die eigenen Kräfte genau die Stärken, die Kinder brauchen, um sich gegen sexuelle Gewalt wehren zu können.

Das Leben von hörgeschädigten Kindern und Jugendlichen ist häufig mehr oder weniger **fremdbestimmt**. Eltern, Lehrer und Lehrerinnen, Betreuer und Betreuerinnen entscheiden, was das Kind morgens anzieht, was es mittags isst, wen es nachmittags trifft, wann es abends schlafen geht und was es in der Zwischenzeit tut. Hörgeschädigte Mädchen und Jungen wachsen in einem Umfeld von Überprotektion, Überbehütung, von Fremdbestimmung und Vorgaben von außen auf. Sie werden nicht selten so erzogen, dass sie diesen Forderungen nachkommen und sich der Fremdbestimmung fügen (vgl. WALTER 1992, S. 377).

Sexueller Missbrauch stellt für das Kind eine ähnliche Situation dar: Ein Erwachsener verlangt, dass das Kind seinen Forderungen nachkommt, unabhängig davon, ob dies dem Willen des Kindes entspricht. Wenn das Kind gelernt hat, dass es ohnehin nie selbst entscheiden darf, sondern zu tun hat, was andere fordern, dann wird es in einer Missbrauchssituation wahrscheinlich nicht anders reagieren. Fremdbestimmung und Überprotektion tragen also dazu bei, dass Kinder wehrloser werden (vgl. SULLIVAN/VERNON/SCANLAN 1987, S. 257; KENNEDY 1990, S. 3).

Mit der Diagnose der Hörschädigung beginnt die **Frühförderung des Kindes.** Im Bundesgebiet ist das fast immer eine lautsprachliche Förderung, die Hör- und Sprecherziehung beinhaltet; nur selten gibt es eine gebärdensprachliche oder eine bilinguale Früherziehung. Frühförderung, Rehabilitationsmaßnahmen und Therapien liegen weit außerhalb der Entscheidungsmöglichkeiten des Mädchens oder Jungen. Oft haben hier noch nicht einmal die Eltern eine Mitbestimmungsmöglichkeit, sondern die Entscheidung über die Förderung liegt im Wesentlichen bei Ärzten, Lehrerinnen und Lehrern, Sozialpädagogen und Sozialpädagoginnen. In dieser therapeutischen Arbeit bleibt das Kind passiv, es entscheidet nicht als Subjekt, sondern ist das Objekt des Handelns anderer (vgl. WEINWURM-KRAUSE 1994, S. 8). Oft genug wird auf dem Rücken des Kindes sogar der 200 Jahre alte Streit zwischen VertreterInnen der Gebärdensprache und der Lautsprache ausgetragen.

Darin liegt ebenfalls eine deutliche Parallele zur Missbrauchssituation: Auch hier ist das Mädchen oder der Junge das Objekt des Handelns anderer. Das Kind ist nicht aktiv und hat keinerlei Entscheidungsfreiheit. Wenn ein Kind also von frühester Kindheit an damit aufwächst, Objekt des Handelns anderer zu sein, dann ist der Beginn von sexuellem Missbrauch aus Sicht des Kindes eine Fortsetzung dessen, was schon immer war.

Viele hörgeschädigte Mädchen und Jungen haben eine **kognitive oder körperliche Zusatzbehinderung.** Wenn diese

Zusatzbehinderung körperliche Pflege erfordert, wird es für das Kind sehr schwer, zwischen dem, was noch körperliche Pflege ist, und dem, was schon sexuelle Gewalt ist, zu unterscheiden: Ist eine Berührung eine Versorgung der eigenen körperlichen Bedürfnisse, oder ist sie dazu da, die Bedürfnisse des anderen, des Erwachsenen, zu befriedigen? Die Grenze verschwimmt, die Wahrnehmung wird undeutlicher, und die Kinder werden handlungsunfähig, weil für sie selbst und für Außenstehende nicht mehr klar ersichtlich ist, wo Pflege aufhört und wo Missbrauch beginnt (vgl. WEINWURM-KRAUSE 1994, S. 8).

Zum Teil durch die Hörschädigung selbst, größtenteils aber durch die Institutionalisierung, durch die Stigmatisierung und durch die kommunikativen Einschränkungen ist der **Erfahrungs- und Handlungsspielraum** hörgeschädigter Mädchen und Jungen massiv eingeschränkt. Hörgeschädigte Kinder haben oft nicht gelernt, welche zwischenmenschlichen Kontakte sie unbesorgt eingehen dürfen und welche gefährlich werden können. Zudem verhindern Handlungsdefizite, dass das Mädchen oder der Junge sich an eine vertraute Bezugsperson wenden und ihr vom Geschehenen erzählen kann (vgl. WEINWURM-KRAUSE 1994, S. 9).

Sexualkundeunterricht, vor allem aber **Aufklärung und Prävention** hinsichtlich **sexueller Gewalt** findet in Sonderschulen allgemein und ebenso in Hörgeschädigtenschulen nur sehr wenig oder gar nicht statt (vgl. SULLIVAN/VERNON/SCANLAN 1987, S. 257). Manche hörgeschädigten Mädchen und Jungen sind nur rudimentär über ihre eigene Sexualität aufgeklärt. Die meisten hörgeschädigten Kinder kennen den Begriff „Missbrauch" nicht und haben auch den Inhalt des Wortes nicht gelernt. Wenn ein Kind, das weder Sexualkundeunterricht noch Präventionsarbeit erlebt hat, Opfer sexueller Gewalt wird, ist es vollkommen unvorbereitet. Es hat keine Möglichkeit, das Geschehene für sich in einen Wissenskontext zu bringen, keine Person, von der es weiß, dass es mit ihr über Fragen der Sexualität (und eben der sexuellen Gewalt) sprechen kann (vgl. WALTER 1992, S. 379).

Kommunikationsprobleme bedeuten einen zweifachen Risikofaktor: Zum einen kann sich das Kind gegen einen hörenden Täter nicht in seiner Sprache mit einem deutlichen „Nein! Ich will das nicht!" zur Wehr setzen. Zum anderen hat es oft erhebliche Barrieren zu überwinden, wenn es das Erlebte einer Vertrauensperson berichten will, weil Kind und Vertrauensperson nicht über eine gemeinsame Sprache verfügen: Einerseits fehlen vielen hörgeschädigten Mädchen und Jungen die laut- oder gebärdensprachlichen Mittel, um den erlebten Missbrauch auszudrücken. Andererseits verfügen die für hörgeschädigte Kinder zugänglichen Erwachsenen oft nur über eine sehr geringe Gebärdensprachkompetenz (Kommunikation ist immer zweiseitig bedingt!).

Schließlich geht man davon aus, dass potenzielle **Täter** sich als berufliches oder soziales Umfeld verstärkt Einrichtungen aussuchen, in denen sie Kontakt zu Kindern haben. Schulen sind solche Einrichtungen, und Schulen oder Internate für hörgeschädigte Kinder sind es ebenfalls. Aus Sicht der Täter bestehen hier nicht nur vielfältige Möglichkeiten der Kontaktaufnahme mit Kindern, sondern zusätzlich handelt es sich, wie oben gezeigt, um Mädchen und Jungen, die einem Missbrauch relativ wehrlos gegenüberstehen, die wenig Möglichkeiten haben, anderen von Übergriffen zu berichten, und die zudem vor Gericht aufgrund ihrer Behinderung als wenig glaubwürdig gelten (vgl. SULLIVAN/VERNON/SCANLAN 1987, S. 256f.).

Es fällt auf, dass fast alle dieser Faktoren nicht auf die Hörschädigung selbst zurückzuführen sind, sondern vielmehr auf die Lebenssituation hörgeschädigter Kinder und Jugendlicher, also vor allem auf die Institutionalisierung, die Fremdbestimmung und Überbehütung sowie Erfahrungs- und Handlungsdefizite mit sich bringt (vgl. SOBSEY 1994, S. 87).

In der Betrachtung der genannten Risikofaktoren liegen erste Hinweise darauf, wie ein Hilfesystem gestaltet sein muss, um die Betroffenen zu erreichen.

3. Projektergebnisse – zur aktuellen Situation

Ich habe im letzten Jahr in Zusammenarbeit mit *Wildwasser* ein Projekt zum Thema „Hörschädigung und sexuelle Gewalt" durchgeführt. Ziel waren eine Bedarfsermittlung sowie die Entwicklung eines Hilfesystems für hörgeschädigte

Mädchen und Frauen, die sexuelle Gewalt erfahren haben. Im Rahmen dieses Projektes haben sich viele Einrichtungen aus Berlin und Umgebung, die mit Hörgeschädigten arbeiten, beteiligt, wofür ich mich an dieser Stelle nochmals herzlich bedanken möchte.

Im Folgenden werden die Projektergebnisse vorgestellt, wobei auch hier Möglichkeiten für eine Öffnung der Zugänge zum Hilfesystem im Mittelpunkt stehen werden.

Eine Forschungsstudie über das tatsächliche Ausmaß sexueller Gewalt gegen hörgeschädigte Kinder und Jugendliche gibt es bislang für den deutschen Sprachraum nicht. In meinen Gesprächen mit MitarbeiterInnen aus dem Bereich der Hörgeschädigtenpädagogik wurde jedoch sehr deutlich,

→ dass sexuelle Gewalt gegen Hörgeschädigte kein Einzelfall ist, sondern – ganz im Gegenteil – ein Problem von erheblicher Bedeutung darstellt,
→ dass die „Fälle", die bei den MitarbeiterInnen ankommen, vermutlich nur die Spitze eines Eisberges darstellen und
→ dass die Thematik unter Hörgeschädigten, aber auch in den Einrichtungen für Hörgeschädigte weitgehend tabuisiert wird.

Gerade aufgrund der letzten beiden Faktoren müssen wir davon ausgehen, dass die Dunkelziffer, also die Zahl der unbekannten Fälle, enorm hoch ist. Hier zeigt sich, dass die Zugänge zum Hilfesystem eben nicht so beschaffen sind, dass sie von den Betroffenen genutzt werden könnten.

Warum verschweigen hörgeschädigte Kinder und Jugendliche Erlebnisse sexueller Gewalt? In der Diskussion um diese Frage haben sich mehrere Ursachen ergeben:

Neben dem vom Täter auferlegten Schweigegebot, dem ja hörende Mädchen und Jungen genauso unterliegen wie gehörlose oder schwerhörige, scheint das Informationsdefizit einer der größten Hinderungsgründe zu sein: Die Projekte, die es für Betroffene von sexueller Gewalt gibt, wenden sich in ihrer Öffentlichkeitsarbeit bisher nicht an die Einrichtungen für Hörgeschädigte. Hierfür sind sicherlich Kommunikationsprobleme ein Hauptgrund; dennoch fällt auf, dass es in der Vergangenheit auch keine Annäherungsversuche gegeben hat. Weder haben Präventionsprojekte in den Hörgeschädigtenschulen Workshops durchgeführt, noch sind die Beratungsstellen mit ihrem Angebot auf die entsprechenden Einrichtungen zugegangen. Hörgeschädigte Kinder und Jugendliche wissen daher nicht, an wen sie sich im Fall eines Missbrauchs wenden können. Die PädagogInnen, die in den Schulen, Kindertagesstätten oder Internaten für Hörgeschädigte arbeiten, sehen die Problematik der sexuellen Gewalt durchaus, sind mit diesem Problem aber auch allein gelassen; ohne die Unterstützung von Seiten qualifizierter Fachkräfte sind z. B. Präventionsworkshops oder Beratungsangebote kaum durchzuführen.

Eine weitere Ursache für das Schweigen der Betroffenen mag sein, dass sehr viele hörgeschädigte Mädchen und Jungen keinen Kontakt zu ebenfalls hörgeschädigten Erwachsenen haben, so dass für sie nur Hörende als AnsprechpartnerInnen in Frage kommen. Hier bestehen jedoch unter Umständen ebenfalls Kommunikationsprobleme (viele Eltern gehörloser Kinder beherrschen nicht oder kaum die Gebärdensprache!). Zusätzlich kann die unterschiedliche kulturelle Identität ein Grund sein, sich nicht einer hörenden Person anzuvertrauen. Hinzu kommt, dass hörgeschädigte Mädchen und Jungen die hörenden Erwachsenen, mit denen sie im Alltag zu tun haben, als sehr mächtig erleben müssen – und dies entspricht auch der Realität: Wenn hörgeschädigte Kinder mehr oder weniger fremdbestimmt aufwachsen, leben sie in einer ständigen Abhängigkeit zu den – fast immer hörenden – Personen, die über sie bestimmen. Und gerade in einer Thematik wie der des sexuellen Missbrauchs, wo Macht, Abhängigkeiten und Hierarchien ausgenutzt werden, ist ein Durchbrechen des Schweigens umso schwieriger, je größer der Machtunterschied zwischen Betroffenen und Bezugsperson ist.

4. Schlussfolgerungen und Konsequenzen für die Praxis

Aus dem oben Genannten ergeben sich verschiedene theoretische Modelle, wie die Zugänge zum Hilfesystem so gestaltet werden können, dass sie auch für hörgeschädigte

Kinder, Jugendliche und Frauen zugänglich sind. Allerdings sind diese Modelle in der Praxis zum Teil kaum umsetzbar:

→ Einrichtungen der Anti-Gewalt-Arbeit, also bestehende Projekte, die betroffene Kinder und Jugendliche unterstützen, können ihr gesamtes Angebot für Hörgeschädigte öffnen. Damit wäre zum Beispiel durch Präventionsarbeit an Hörgeschädigtenschulen das vorhandene Informationsdefizit zu beheben. Aber hier ergeben sich erhebliche Probleme: Zum einen beherrschen die MitarbeiterInnen in diesen Projekten nicht die Gebärdensprache, so dass kaum überbrückbare Kommunikationsprobleme entstünden. Da die bestehenden Projekte alle personell sehr knapp besetzt sind und die Gebärdensprache keineswegs „nebenbei" zu erlernen ist, lässt sich dieses Problem in absehbarer Zeit auch nicht beheben. Zum anderen bestünde selbst mit Gebärdenkompetenz auch weiterhin die kulturelle Unterschiedlichkeit, so dass fraglich bleibt, ob Hörgeschädigte tatsächlich ein Beratungsangebot bei hörenden BeraterInnen nutzen würden. Eventuell könnte so ein erweitertes Angebot die Gruppe der Schwerhörigen erreichen, doch sind auch hier Kommunikationsprobleme und kulturelle Differenzen zum Teil so ausgeprägt, dass sie von Hörenden nicht zu überwinden sind.

→ Eine zweite, ebenfalls eher theoretische Lösungsvariante ist die Einbeziehung von GebärdensprachdolmetscherInnen in den Beratungsprozess. Diese Möglichkeit kann sicherlich Kommunikationsproblemen abhelfen. Aber zum einen sind erfahrungsgemäß vor allem Kinder und auch Jugendliche nicht an die Arbeit mit DolmetscherInnen gewöhnt, zum anderen kann die Anwesenheit eines Dolmetschers oder einer Dolmetscherin den Beratungsprozess erheblich belasten. Gerade bei einer sehr sensiblen und intimen Thematik wie der sexuellen Gewalt ist für die Betroffenen jede zusätzliche Person in der Beratungssituation eine zum Teil nicht tragbare Belastung. Daher erscheint diese Variante als nicht praktikabel. Zudem bliebe auch hier der kulturelle Unterschied unberücksichtigt.

→ Die bestehenden Projekte gegen sexuelle Gewalt können den Einrichtungen für Hörgeschädigte ihre Unterstützung anbieten. So ist beispielsweise eine Beratung für LehrerInnen, ErzieherInnen oder SozialpädagogInnen, die mit betroffenen gehörlosen oder schwerhörigen Kindern arbeiten, möglich. Diese Lösung ist durchaus denkbar und auch zu realisieren. Allerdings können so die Betroffenen selbst nicht direkt erreicht werden. Dennoch liegt hier ein großes Potenzial an Fachwissen, das die Hörgeschädigtenpädagogik für sich nutzen könnte und sollte. Vernetzung und Kooperation, ein fachlicher Austausch und gemeinsame Erarbeitung von Strukturen könnten erheblich dazu beitragen, diejenigen zu unterstützen, die in der direkten Arbeit mit den betroffenen hörgeschädigten Kindern oft rat- und hilflos sind.

→ Eine vierte Lösungsmöglichkeit ist der Aufbau von Beratungsstellen, die sich spezifisch an hörgeschädigte Kinder, Jugendliche und Frauen wenden, die sexuelle Gewalt erlebt haben. In einer solchen Beratungsstelle müssten hörende und hörgeschädigte MitarbeiterInnen gemeinsam arbeiten, um den unterschiedlichen sprachlichen Voraussetzungen der KlientInnen und ihrer Bezugspersonen gerecht werden zu können. Zudem müssen hier eine qualifizierte Fachkompetenz und Erfahrung in der Arbeit mit von sexueller Gewalt Betroffenen vorhanden sein. Neben Beratungsangeboten könnten auch Präventionsworkshops in Schulen und Kindertagesstätten für Hörgeschädigte durchgeführt werden. Außerdem müsste Netzwerkarbeit, also die immer wieder neue Vernetzung der verschiedensten Einrichtungen, ein wesentlicher Bestandteil der Arbeit sein. Im Gegensatz zu allen bisherigen Lösungsmöglichkeiten könnten so die durch Kommunikationsprobleme und unterschiedliche kulturelle Identitäten entstehenden Schwierigkeiten behoben werden. Die Finanzierung solcher Beratungsstellen ist bei der derzeitigen Situation der öffentlichen Kassen sicherlich nicht einfach, doch angesichts der Problematik erscheint ein Versuch hier durchaus lohnenswert.

Wenn also das Hilfesystem für betroffene Hörgeschädigte zugänglich gemacht werden soll, haben vor allem die bestehenden Projekte der Anti-Gewalt-Arbeit die Aufgabe, sich den MitarbeiterInnen in Einrichtungen für Hörgeschädigte zur Verfügung zu stellen, sie beratend und begleitend zu unterstützen und so ein kooperatives Netzwerk aufzubauen. Auf der anderen Seite muss eine neue Einrichtung geschaffen werden, die sehr speziell und mit hoher fachlicher Kompetenz zur Thematik der sexuellen Gewalt gegen hörgeschädigte Kinder und Jugendliche arbeitet.

Literatur

KENNEDY, MARGARET: „The Deaf Child who is Sexually Abused – is there a Need for a Dual Specialist?" In: Child Abuse Review 1990/4, S. 3–6.

SOBSEY, DICK: Violence and Abuse in the Lives of People with Disabilities. The End of Silent Acceptance? Baltimore: P. Brookes Publishing 1994.

SULLIVAN, PATRICIA M.; VERNON, McCAY; SCANLAN, JOHN M.: „Sexual Abuse of Deaf Youth". In: American Annals of the Deaf 1987/132, S. 256–262.

WALTER, ANNIKA VON: Sexueller Missbrauch an hörgeschädigten Kindern. In: Das Zeichen 1997/42, S. 550–560.

WALTER, JOACHIM (Hrsg.): Sexualität und geistige Behinderung. Heidelberg: Schindele 1992.

WEINWURM-KRAUSE, EVA-MARIA: Sexuelle Gewalt und Behinderung. Hamburg: Kovac 1994.

V   Psychotherapie mit gehörlosen und schwerhörigen Menschen

Ulrike Gotthardt

Dieser Beitrag befasst sich mit psychotherapeutischen Behandlungsangeboten für gehörlose und schwerhörige Menschen. Dazu möchte ich Ihnen einiges aus meiner beruflichen Erfahrung berichten.

Ich bin die Leitende Ärztin der Abteilung für Hörgeschädigte in der *Westfälischen Klinik Lengerich*. Diese bietet als eine von zwei Abteilungen in Deutschland psychiatrische und psychotherapeutisch ausgerichtete Behandlungsangebote für Hörgeschädigte an. Ich selbst bin praktisch gehörlos, weswegen ich bei der Kommunikation mit mehreren Hörenden, auch auf Tagungen und bei Konferenzen, einen Gebärdensprachdolmetscher benötige.

1. Die Notwendigkeit eines spezialisierten psychotherapeutischen und psychiatrischen Behandlungsangebotes

Die Notwendigkeit eines spezialisierten Behandlungsangebotes für Gehörlose und Schwerhörige wird häufig in Frage gestellt. So passiert es immer wieder, dass vorwiegend Hörende mir die Frage stellen, ob überhaupt ein spezialisiertes psychotherapeutisches bzw. psychiatrisches Angebot für Gehörlose und Schwerhörige benötigt wird.

Aus meiner eigenen Erfahrung kann ich diese Frage nur absolut bejahen. In der Behandlung dieser Personengruppe ist nicht nur die adäquate hörgeschädigtenspezifische Kommunikation wichtig. Gehörlose oder Schwerhörige sind nicht einfach Hörende minus Gehör: Sie haben auch eine Psyche und leben in einem bestimmten sozialen Umfeld, dessen Verstehen eine sehr wichtige Voraussetzung für eine adäquate psychiatrische und psychotherapeutische Behandlung darstellt. Es reicht nach meiner Erfahrung nicht aus, mit GebärdensprachdolmetscherInnen zu arbeiten. So kann zum Beispiel im Gespräch zwischen PsychotherapeutIn und KlientIn die Anwesenheit eines Dolmetschers oder einer Dolmetscherin nicht völlig ohne Auswirkungen auf die therapeutische Beziehung bleiben, da durch deren Tätigkeit eine Art Filterwirkung entsteht. Allerdings ist die Einbeziehung von DolmetscherInnen trotz ihrer zum Teil unvorhersehbaren Auswirkungen in vielen Fällen immer noch die bessere Lösung als eine unzureichende Kommunikation bzw. gar keine Therapie. Im Idealfall sollte jedoch der Ausschluss dieser Filterwirkung angestrebt werden, zum Beispiel durch TherapeutInnen, die die Kommunikation mit Gehörlosen und Schwerhörigen beherrschen oder selbst hörgeschädigt sind. Um zu verdeutlichen, wie wichtig die Kenntnis der psychosozialen, kommunikativen und gesellschaftlichen Besonderheiten Hörgeschädigter und der entsprechende Einsatz dieses Wissens in der Therapie sind, möchte ich folgende Zusammenhänge vertiefen:

Neunzig Prozent aller Schwerhörigen und Gehörlosen sind in hörenden Familien aufgewachsen. In diesen Familien findet meist nur in relativ geringem Umfang eine adäquate, d. h. inhaltlich tief gehende und voll verständliche Kommunikation statt. Im Laufe der Sozialisation Hörgeschädigter steht zumeist auch heute noch die lautsprachliche Erziehung ganz im Vordergrund der Erziehungs- und Integrationsbemühungen des gesamten sozialen Umfeldes und auch der Schule. Viele Gehörlose wachsen mit der Vorstellung auf, dass alles, was die Hörenden sagen, das einzig Verbindliche und Entscheidende auch für ihre eigene Meinungsbildung ist. Viele Gehörlose und Schwerhörige haben in diesem Sinne daher wenig „eigene Meinung". Diese Zusammenhänge und Hintergründe müssen letztendlich auch in der Therapie ausreichend verstanden werden. Es reicht nicht, eine schwach entwickelte eigenständige Meinungsbildung nur als isoliert behandlungsbedürftige intrapersonelle Besonderheit zu sehen. So muss beispielsweise auch berücksichtigt werden, dass die KlientInnen wieder in ihr gesellschaftliches Umfeld zurückkehren müssen. Wird in der Therapie mit den KlientInnen einseitig trainiert, ihre eigene Meinung verstärkt zu äußern und zu vertreten, so können sie in einen subjektiv unauflösbaren Widerspruch zu ihrem sozialen Umfeld geraten. Das gilt vor allem dann, wenn dieses Umfeld überwiegend an der Meinung der Hörenden orientiert ist. Hier zeigt sich, wie wichtig es ist,

die psychosozialen Besonderheiten der Gehörlosen- und Schwerhöri-
gengemeinschaft zu kennen und sie entsprechend in der Behandlung
bzw. Konfliktbearbeitung mit den Klienten berücksichtigen zu können.
In diesem Zusammenhang sollte ein kurzer, vergleichender Blick
auf das *Cochlea Implantat* geworfen werden: Immer wieder wird gesagt, dass es bei flächendeckender Einführung des *Cochlea Implantats*
zu einem Aussterben der Gehörlosen oder hochgradig Schwerhörigen
komme. Wie mittlerweile auch die Implantations-Fachleute zugege-
ben haben, bleiben die ImplantatträgerInnen jedoch trotz allem
schwerhörig. Dementsprechend werden kommunikative und psychosoziale Schwierigkeiten weiterhin bestehen bleiben und damit auch
die Notwendigkeit, ein spezialisiertes psychotherapeutisches und psychiatrisches Angebot vorzuhalten, das ihre Besonderheiten und Bedürfnisse berücksichtigt. Möglicherweise werden die ImplantatträgerInnen eine eigene soziale Gruppe neben den Schwerhörigen und den
Gehörlosen bilden, so dass sich die Frage stellt, wie sie langfristig psychosozial integriert und welche Störungen sich für sie daraus ergeben
werden. In zufrieden stellendem Maß ist dies bisher noch nicht bekannt und erforscht worden. Diese Problematik zeigt sich auch daran,
dass sich bereits mehrere Betroffene zur Behandlung in unsere Klinik
begeben mussten, weil sie erhebliche psychosoziale Störungen in Verbindung mit der Implantation entwickelten.

2. Psychotherapeutische Angebote in der Bundesrepublik

Wie sieht das Angebot für Schwerhörige und Gehörlose im Fall einer
psychotherapeutischen oder psychiatrischen Behandlungsnotwendig-
keit in Deutschland aus? Zunächst einmal kann gesagt werden, dass
die Lage für Erwachsene grundsätzlich besser aussieht als für Jugendliche. Daher berücksichtige ich im Folgenden als Erstes die Situation
bei Erwachsenen.

Im ambulanten Bereich gibt es in Deutschland einzelne
PsychotherapeutInnen, die Hörgeschädigte behandeln. In
Berlin gibt es mindestens zwei TherapeutInnen, im Raum
Köln zwei und einzelne in München und in Frankfurt. Aber

dies sind nur punktuell bestehende Angebote. Dann gibt es ambulante Beratungsstellen für suchtkranke Hörgeschädigte in Dortmund und in Leipzig sowie zwei Ambulanzen, die an die beiden Kliniken in Erlangen *(Klinikum am Europakanal)* und Lengerich *(Westfälische Klinik)* angebunden sind. Stationäre Angebote für Gehörlose und Schwerhörige mit psychischen Störungen bzw. Krankheiten gibt es in den genannten Kliniken in Erlangen und Lengerich, außerdem speziell für Suchterkrankungen in Lengerich und in *to Hus* bei Oldenburg. So weit zu den bestehenden spezialisierten Angeboten für erwachsene Hörgeschädigte in Deutschland.

Dagegen ist im Bereich der Jugendlichen die Versorgung relativ defizitär. In Uchtspringe in der Nähe von Stendal gibt es eine Station für Jugendliche mit einer Gruppe für Schwerhörige und Gehörlose. Ansonsten existiert in Deutschland für Kinder und Jugendliche keine Klinik, die ein spezialisiertes Behandlungsmilieu für Gehörlose und/oder Schwerhörige anbietet.

Im Hinblick auf das Verhältnis von Angebot und Nachfrage bei Erwachsenen kann ich sagen, dass für Deutschland eine ausreichende Versorgung im stationären Bereich sichergestellt ist, sowohl für psychische Störungen als auch für Suchterkrankungen. Die Defizite liegen dagegen im ambulanten Bereich, d. h. insbesondere in der Vor- und Nachsorge für psychisch kranke oder suchtkranke Erwachsene, im Bereich der Kinder- und Jugendpsychiatrie und vor allem auch im Bereich der Forensik, also der ‚Gerichtspsychiatrie‘.

3. Die Arbeit in der Westfälischen Klinik Lengerich

Die *Westfälische Klinik Lengerich* liegt in der Nähe von Osnabrück. Dort halten wir seit 15 Jahren ein spezialisiertes Behandlungsangebot für Gehörlose und Schwerhörige vor. Wir haben damals klein angefangen und mittlerweile eine Größe von 42 Betten auf vier Stationen erreicht: eine akutpsychiatrische und eine psychotherapeutisch ausgerichtete Station sowie je eine Entgiftungs- und Entwöhnungsstation für Suchtmittelabhängige, d. h. vorwiegend Drogen- und Alkoholkranke.

Zu Beginn unserer Tätigkeit 1985 gab es im deutschsprachigen Raum praktisch keine Erfahrungen mit psychiatrischen und psychotherapeutischen Angeboten und Behandlungen für Gehörlose und Schwerhörige. Wir waren die erste Einrichtung dieser Art im deutschsprachigen Raum. Damals war die Gründung der Abteilung unter anderem von verschiedenen hörenden GehörlosenpädagogInnen angeregt worden, die uns zum Beispiel sagten, dass eine Gruppenarbeit mit Gehörlosen nicht möglich sei, dass Gehörlose keine ausreichende Gruppenfähigkeit und für Einzelsitzungen kein hinlängliches emotionales Einfühlungsvermögen bzw. keine Empathie besäßen. Zudem seien sie nicht in der Lage, genügend zu abstrahieren. Auch würde die Gebärdensprache nicht ausreichen, den erforderlichen therapeutischen Tiefgang zu gewährleisten. Ich war damals zwar Berufsanfängerin, habe aber als selbst Betroffene nicht geglaubt, was mir da gesagt wurde. So sagte ich mir erst recht: „Man muss es ja mal ausprobieren."

Mit dieser Einstellung sind wir damals an die Arbeit gegangen. Und gemeinsam mit meinen KollegInnen, überwiegend SozialpädagogInnen, ErzieherInnen und PflegerInnen, haben wir erst einmal experimentiert. Das Einzige, was uns zur Verfügung stand, war unsere Erfahrung, die Fort- und Weiterbildung im Bereich Psychotherapie und Psychiatrie, sowie Literatur vor allem aus dem angloamerikanischen Sprachraum. So haben wir durch „learning by doing" versucht, unsere Arbeit den Bedürfnissen Gehörloser und Schwerhöriger anzupassen. Dies betraf insbesondere die Einzeltherapien sowie die Gruppen-, Mal- und Entspannungsverfahren.

Mittlerweile haben wir diesbezüglich sehr viele Erfahrungen sammeln können. Unter der Voraussetzung eines hörbehindertenspezifischen Settings kann man auf jeden Fall sagen, dass es möglich ist, nahezu alle Verfahren auch bei Gehörlosen und Schwerhörigen anzuwenden. Dies natürlich mit den Einschränkungen, die auch für Hörende gelten, also unter Berücksichtigung der intellektuellen, diagnostischen oder behandlungstechnischen Möglichkeiten bzw. Indikationen. Was kaum durchführbar ist, sind psychoanalytische Verfahren; ansonsten kann man aber die bekannten Therapieverfahren auch bei Gehörlosen und Schwerhörigen anwenden. Wir arbeiten sowohl psychiatrisch als auch psychotherapeutisch, so dass zum Beispiel im Fall einer psychiatrischen Behandlung auch eine begleitende Psychotherapie einbezogen wird. Mittels der stationären psychotherapeutisch ausgerichteten Behandlung gehen wir überwiegend Krankheitsbilder aus dem Bereich der neurotischen Depressionen, Somatisierungsstörungen, Borderline-Störungen, Anpassungsstörungen, akuten Belastungsreaktionen und unreif-asthenischen Persönlichkeitsstörungen an.

Grundsätzlich versuchen wir, hier die einzelnen Behandlungsschritte entsprechend den Bedürfnissen der PatientInnen aus den uns zur Verfügung stehenden psychotherapeutischen Verfahren zu entwickeln. So orientieren sich im Allgemeinen die Einzelsitzungen überwiegend an problemorientierten bzw. verhaltenstherapeutischen und tiefenpsychologischen Techniken und die Gruppensitzungen hauptsächlich an verhaltenstherapeutischen Techniken. Für uns hat es sich als wichtig erwiesen, in alle Verfahren immer wieder Rollenspiele mit einzubeziehen. Dem liegt die Erfahrung zugrunde, dass Gehörlose und Schwerhörige oft nicht gelernt haben, ihre Gefühle, ihre momentane Befindlichkeit oder Problembereiche ausreichend verbal, das heißt in diesem Fall auch mittels der Gebärdensprache, darzustellen und mitzuteilen. Dies kann eher über das Rollenspiel oder über das Zeichnen erfahren werden. So gibt es zum Teil zu einzelnen Missbrauchssituationen, Körperteilen und sexuellen Abläufen noch keine gebärdensprachlich geläufigen Begriffe, so dass sie oft über das Rollenspiel erarbeitet werden müssen. Eine andere Möglichkeit ist das Malen im Rahmen von Malgruppen, in denen wir zu bestimmten Themen, angelehnt an das katathyme Bilderleben, Bilder malen lassen, z. B. zum Thema „Ich stehe auf einer Wiese" oder „Ich und meine Eltern". Hier lassen wir bei freier Assoziation ein Bild zu diesem Thema malen und besprechen es dann gemeinsam in einer Gruppe von sechs bis maximal acht Personen. Von diesem Bild ausgehend lassen sich Gefühle und Konfliktbereiche tiefer gehend thematisieren. Es hat sich gezeigt, dass sehr viele Gehörlose auf diese Weise erstmals in die Lage versetzt werden, über bestimmte Gefühle und Ereignisse zu sprechen oder sich

diesen zu öffnen. Die Bilder können anschließend auch in die Einzelsitzungen weiter gehend bearbeitet werden.

Dadurch, dass wir stationär und ambulant arbeiten, haben wir
viele gehörlose PatientInnen, die aus dem weiteren Umkreis (zum Teil
mit Autoanfahrten von bis zu zweieinhalb Stunden) zu uns kommen
und nach der Entlassung im Sinne einer ambulanten Nachsorge weiter-
behandelt werden. Hier erweist es sich als durchaus vorteilhaft, die
Behandlung mit denselben TherapeutInnen weiterführen zu können.
So haben wir auch PatientInnen erlebt, bei denen es erst nach der
stationären Phase zur Bearbeitung der zugrunde liegenden Konflikte
kam. In diesen Fällen zeigte sich, dass der stationären Behandlung eher
die Aufgabe einer akuten Entlastung, Stabilisierung und der Bearbeitung der akuten Problematik zukam. Dagegen konnte erst im Rahmen
der ambulanten Behandlung etwa die eigentliche Eheproblematik anhand des alltäglichen Zusammenlebens oder wieder auftretender
Konflikte tiefer gehend bearbeitet werden. Dementsprechend muss
man sich klar machen, dass mittels einer ausschließlich stationären
Behandlung die bestehenden Konflikte oder Störungen oft nicht im
gewünschten und umfassenden Maße bearbeitet werden können.

4. Sexueller Missbrauch bei hörgeschädigten PatientInnen

Entsprechend unseren Erfahrungen berichten etwa 10 bis 15 % unserer PatientInnen im Laufe einer längeren Behandlung über abgelaufe-
ne sexuelle Missbrauchserlebnisse, die von sexuell anzüglichen Ge-
sprächsinhalten über erzwungenes Entkleiden bis hin zu tatsächlich
stattgefundenem Geschlechtsverkehr reichen. Wir gehen davon aus,
dass trotz unserer Bemühungen, im Rahmen der Behandlung mög-
lichst viele Konflikte anzugehen, noch eine erhebliche diesbezügliche
Dunkelziffer besteht. Immer wieder gibt es PatientInnen, bei denen
sexuelle Missbrauchserlebnisse stark zu vermuten sind. Letztendlich sind viele jedoch (noch) nicht in der Lage, davon zu berichten. Nur in den allerwenigsten Fällen erfahren wir bereits
innerhalb des Erstvorstellungsgesprächs von einem sexuellen Missbrauch.

Demgegenüber gibt es einzelne PatientInnen, die häufig bzw. sehr expansiv von Missbrauchserfahrungen berichten. Diesen Berichten trete ich eher etwas skeptisch gegenüber, weil Gehörlose und Schwerhörige meiner Erfahrung nach eher dazu neigen, sexuelle Missbrauchserlebnisse nicht zu erwähnen. Dies hängt eng damit zusammen, dass in ihrem schulischen und familiären Bereich noch viel weniger als bei Hörenden über Sexualität oder Missbrauch, über Normen, Gebote und Grenzen gesprochen wird. Auch werden ihnen kaum Möglichkeiten vermittelt, wie und wo man sich hierüber mitteilen kann.

Es gibt zudem viele Schwerhörige und Gehörlose, die sexuelle Anzüglichkeiten oder sexuelle Erlebnisse, zum Beispiel wenn sie auf dem Schulhof zum Entkleiden gezwungen werden, noch nicht als sexuellen Missbrauch definieren. Sie empfinden dies zwar auch als persönlichen Angriff, reagieren mit Betroffenheit und leiden auch sehr darunter. Die Frage nach einem sexuellen Missbrauch würden sie jedoch trotz dieses Erlebnisses eher verneinen. Auch hier ist also die Kenntnis der Gehörlosen- und Schwerhörigenkultur und -sozialisation und der jeweiligen Voraussetzungen nötig, um erkennen zu können, ob möglicherweise doch ein Missbrauchserlebnis vorgelegen hat.

Meiner Erfahrung nach können die zunehmenden Literaturhinweise auf häufigeres Vorkommen sexueller Gewalt gegen behinderte Mädchen und Jungen bestätigt werden. Die Behinderung des Opfers macht es dem Täter möglich, unabhängig von der Art der Behinderung sexuelle Gewalt an Mädchen oder Jungen auszuüben, ohne dass dies Außenstehenden mitgeteilt oder von ihnen erkannt werden kann. Für die Betroffenen stellen sich, abgesehen vom kommunikativen Problem, unter anderem folgende Fragen: Wie kann ich die Vorfälle mitteilen? Wie empfinde ich sie? Und wie kann ich dies mit meinen Möglichkeiten deutlich machen? In diesem Zusammenhang wird von hörenden PädagogInnen immer wieder berichtet, dass sie aufgrund der häufigen kommunikativen Schwierigkeiten an den Schulen mit deren mehr oder weniger rein lautsprachlichem Schwerpunkt die Kinder und Jugendlichen nicht ausreichend „kontrollieren" können. So können sie oft nur eingeschränkt das wahrnehmen, was tatsächlich auf dem Schulhof passiert. PädagogInnen, die während der Pausen die Aufsichtspflicht haben und auffallende Ereignisse eigentlich thematisieren müssten, registrieren beispielsweise oft noch nicht einmal, **dass** etwas passiert ist, auch wenn es mehr oder weniger offen geschieht. Denn letztendlich verstehen sie die Gebärdensprache bzw. die kommunikativen Mitteilungen der SchülerInnen nicht in ausreichendem Maße. So haben mir bereits etliche PädagogInnen berichtet, dass sie selber unter dieser Problematik leiden. Hier muss man sich fragen, ob sie nicht die Gebärdensprache erlernen und sich in die kommunikativen und gesellschaftlichen Bedingungen Hörgeschädigter einarbeiten sollten. Aktuell wird dieses Problem zumindest mehr und mehr erkannt.

Nun kommt bei diesen Kindern und Jugendlichen noch hinzu, dass sie in einem noch größeren Maße als gleichaltrige hörende Mädchen und Jungen in einem Abhängigkeitsverhältnis zu hörenden Erwachsenen stehen und sich daher subjektiv noch rechtloser und ohnmächtiger fühlen als nichtbehinderte Kinder. Und es kommt noch dazu, dass das Bildungs- und soziale Niveau vieler gehörloser Kinder und Jugendlicher auch heute noch, gerade aufgrund der lautsprachlichen Erziehung, deutlich dem gleichaltriger Hörender hinterherhinkt. Es gibt Untersuchungen unter anderem aus den USA, die besagen, dass gehörlose HauptschulabgängerInnen bezüglich ihres Bildungsstandes etwa drei bis vier Jahre und in der psychosozialen Entwicklung mindestens zwei bis drei Jahre hinter gleichaltrigen Hörenden mit gleichem Schulabschluss zurückliegen. Dies muss in der Einschätzung, Behandlung und Betreuung dieser Kinder und Jugendlichen mit berücksichtigt werden. Einige Fachleute haben daher Behinderte nicht zu Unrecht als die „idealen Missbrauchsobjekte" bezeichnet. Ich habe die Erfahrung gemacht, dass gerade gehörlose Mädchen und Jungen für hörende Täter quasi ideale Opfer zu sein scheinen, denn die Täter rechnen nicht damit, dass die Hörgeschädigten über die Tat und den Täter ausreichend Mitteilung machen können. Bei meinen PatientInnen, die als Kinder oder Jugendliche missbraucht wurden, waren überwiegend hörende männliche Bekannte die Täter, unter anderem auch Erzieher. Seltener waren es einige Jahre ältere hörgeschädigte Mitschüler, aber auch das kommt relativ häufig vor. Immer öfter wurde mir zudem in letzter Zeit mitgeteilt, dass gerade auch Internatseinrichtungen, Berufsbildungswerke und Schulen mit einem erheblichen Missbrauchspotenzial zu kämpfen haben.

In unserer Klinik gibt es PatientInnen, die sowohl Täter als auch direkte bzw. indirekte Opfer oder auch Verdächtige sind. Dazu möchte ich Ihnen einige Beispiele berichten.

5. Fallbeispiele

Vor einiger Zeit habe ich einen gehörlosen jungen Mann behandelt, der sich zunehmend aus der sozialen Gemeinschaft zurückzog, mit bestimmten Jungen aber enge Freundschaften pflegte. Im Internat war aufgefallen, dass immer mehr gehörlose Jungen große Angst vor ihm hatten. Die MitarbeiterInnen konnten sich dies nicht erklären, bis sich einer der Jungen einer Erzieherin anvertraute. Er berichtete, dass dieser Junge die anderen Jungen zwischen 10 und 11 Jahren in ihren Zimmern nachts auszog und sie zu sexuellen Handlungen zwang, teilweise auch zum Analverkehr. Dies hielt schon mindestens ein halbes bis dreiviertel Jahr an. Für die Gehörlosenschule bzw. das Internat ergab sich das Problem, dass der Jugendliche selbst aus einem sehr schwierigen familiären und sozialen Milieu kam. Normalerweise wäre er aufgrund dieser massiven Problematik aus der Schule entlassen worden. Davon sah man jedoch ab, da er sonst einem psychosozial sehr instabilen Umfeld ausgeliefert gewesen wäre. Daraufhin wurde in mehreren therapeutischen Gesprächen bei uns versucht, die Situation im ambulanten Rahmen aufzuarbeiten. Über die Anbindung an einen männlichen Betreuer wurde gemeinsam versucht, ihm eine männliche Vertrauensperson zur Seite zu stellen, so dass er die Möglichkeit erhielt, sich über seine Sexualität mitteilen zu können. Anhand von Videofilmen wurden ihm zum Beispiel auch Techniken der Selbstbefriedigung aufgezeigt, über die er zuvor nicht aufgeklärt war. Mittels eines überwiegend verhaltenstherapeutisch orientierten Vorgehens konnte er eine sexuelle Nachreifung durchlaufen. Für die BetreuerInnen war die Situation doppelt schwierig, da sie gleichzeitig auch mit den anderen gehörlosen Jugendlichen an deren Missbrauchserlebnissen arbeiten, sie schützen und ihnen Geborgenheit innerhalb der Gruppe vermitteln mussten.

In einem zweiten Fall war eine ältere Patientin in ihrer Jugend direktes Missbrauchsopfer. Ihre Behandlung bei uns wurde erforderlich aufgrund einer wahnhaften Entwicklung bei gleichzeitiger starker Belastung durch die berufliche Tätigkeit und ihre familiäre Situation. Diese Themen standen zunächst im Vordergrund der therapeutischen Sitzungen, wobei im Zusammenhang mit der Partnerschaftsproblematik zunehmend sexuelle Ängste deutlich wurden, bis die Patientin dann über ihre traumatisierenden Erlebnisse berichtete. Als Jugendliche war sie eine Außenseiterin innerhalb ihrer Internatsgruppe und immer wieder Spötteleien und Hänseleien durch andere Jugendliche ausgesetzt. In diesem Zusammenhang wurde sie etwa 10- bis 15-mal dazu gezwungen, sich auf dem nicht einsehbaren Schulhof nackt auszuziehen. Die Jugendlichen nahmen ihr die Kleider weg, versteckten diese und lachten über sie. Dies verunsicherte, verängstigte und traumatisierte die Patientin zutiefst. Sie wurde zwar nie angefasst, aber das Sich-entkleiden-Müssen im Alter von 11 oder 12 Jahren wurde von ihr als ein massiver Eingriff in ihre persönliche Intimsphäre erlebt. Dies wurde noch durch Drohungen verstärkt, dass sie im Fall einer Gegenwehr vergewaltigt werden würde. Leider berichtete sie diese Vorfälle erst kurz vor dem Ende der stationären Behandlung. Daraufhin nutzten wir die noch verbliebene stationäre Behandlungszeit sowie die folgende ambulante Nachsorge zur Aufarbeitung dieser Vorfälle. Dies gelang uns schrittweise vor allem durch Aufmalen und verhaltenstherapeutische Gespräche unter Einbeziehung tiefenpsychologischer Aspekte, so dass die Patientin nach einem dreiviertel Jahr psychisch wieder ausreichend stabilisiert war. Hier ist u. a. ein Vorteil unserer stationären Behandlung zu erkennen, nämlich dass auf diese Weise sehr unterschiedliche therapeutische Aspekte miteinander verknüpft werden können. Im Zusammenhang mit der wahnhaften Symptomatik mussten wir die Patientin allerdings zuerst auch medikamentös behandeln, weil diese Symptomatik mit anderen Mitteln nicht beherrschbar war und anderenfalls die psychotherapeutische Behandlung nicht durchführbar gewesen wäre. Wir konnten jedoch die Medikamente sehr bald nach ihrer Stabilisierung absetzen und nun zunehmend den Schwerpunkt auf die psychotherapeutische Arbeit verlegen.

Ein anderes Beispiel aus unserer Klinik ist ein älterer Gehörloser mit einer erwachsenen, hörenden Tochter. Die Tochter entwickelte eine Bulimie, weswegen sie bereits in psychotherapeutischer Behandlung war. Der Gehörlose und seine Frau waren immer sehr darauf bedacht, ihre Kinder gut zu erziehen und ihnen viele Möglichkeiten im Leben zu eröffnen, wobei sie eine „Kontrolle" für sehr wichtig hielten. Dabei muss diese „Kontrolle" allerdings gehörlosenspezifisch verstanden werden: Gehörlose Eltern können nicht hören, was die Kinder sagen, wie sie reagieren, was sie miteinander besprechen oder was die Kinder zum Beispiel in einem anderen Zimmer machen. Das heißt, dass gehörlosen Eltern hier die akustische Kontrollmöglichkeit fehlt, die hörende Eltern automatisch haben. Bei dem Verhalten des Patienten und seiner Frau handelte es sich also um eine naturgemäße hörbehindertenspezifische Unsicherheit beim Erfüllen der Erziehungsaufgaben. Diese Unsicherheit wollten die Eltern mit mehr Kontrolle und mehr Hilfestellung für die Kinder ausgleichen. Im Laufe der Psychotherapie der Tochter warf diese dem Vater vor, er habe sie als Kleinkind missbraucht. Dabei erinnerte sie sich nur, dass der Vater nachts in ihr Zimmer gekommen war. Im Laufe der therapeutischen Behandlung des Vaters ergab sich kein Hinweis auf einen Missbrauch, allerdings hat der Vater immer wieder aus Sorge nachts nach der Tochter gesehen. Die Problematik bestand hier in einem den Patienten massiv kränkenden Missbrauchsvorwurf, der zur reaktiven Depression führte. Für die Dauer von vier Monaten wurde dieser Konflikt tiefenpsychologisch bearbeitet, wobei sich der Patient inzwischen stabilisiert hat. Letztlich muss die Frage offen bleiben, was unter Umständen wirklich passiert ist. Möglicherweise kann auch eine Überreaktion bei der Interpretation dieses für Hörende ungewöhnlichen, für Gehörlose jedoch erklärbaren Verhaltens vorgelegen haben.

Im letzten Fallbeispiel, das ich Ihnen vorstellen möchte, geht es um eine Gehörlose, die ein indirektes Missbrauchsopfer wurde. Bei der

Ausbildung im Berufsbildungswerk fiel sie durch eine zunehmende depressiv-anorektische Symptomatik auf, wobei ihre Einweisung aufgrund einer zunehmenden Suizidgefährdung erfolgte. Diese Frau hatte als Zeugin eine Vergewaltigung miterlebt. In der Folgezeit kam es dann zur Reaktivierung eigener Missbrauchserlebnisse aus der Kindheit, mit denen sie nicht umgehen konnte. Suiziddrohungen und -versuche waren die Folge. In der Jugendzeit hatten die Eltern den Besuch von gleichaltrigen Hörgeschädigten bei ihr zu Hause gefördert, wobei es in diesem Rahmen unter anderem zu einem Vergewaltigungsversuch kam. Von den Eltern nicht verstanden, hatte die Patientin keine Möglichkeit, sich über diese Erlebnisse mitzuteilen. Erst die Vergewaltigung, die sie Jahre später als Zeugin miterlebte, reaktivierte ihre eigenen früheren Erlebnisse. In der Behandlung waren zum Teil tägliche Einzelsitzungen bei anhaltender Suizidalität erforderlich. Da es in diesem Zusammenhang immer wieder zu massiven Schuldzuweisungen an die Eltern bezüglich der Missbrauchserlebnisse kam, wurden mehrere Familiensitzungen durchgeführt. In diesen Sitzungen verdeutlichte sich, bezogen auf die anorektische Symptomatik, ein Machtkampf zwischen Mutter und Tochter. Dabei versuchte die Tochter gezielt, auf der Ebene von Suizid und Essverweigerung ihre von der Mutter nicht anerkannte Stärke und Eigenständigkeit zu demonstrieren. Die anhaltende Suizidalität konnte letztendlich durch die Vereinbarung entaktualisiert werden, dass die auslösenden Situationen gemalt und die Bilder im Schrank des Therapieraums eingeschlossen werden. Obwohl aufgrund der Abwehr der Patientin die eigentliche Missbrauchssituation nicht tiefer gehend bearbeitet werden konnte, stabilisierte sie sich so weit, dass sie schließlich ihre Ausbildung wieder aufnehmen konnte.

VI Sprachlosigkeit als Folge von sexueller Gewalt und als Folge einer Hörschädigung

Eva-Maria Nicolai; Antje Schwerdtfeger

Mit Hilfe von Definitionen, Zahlen und Fakten zum Thema „Sexuelle Gewalt" will der folgende Beitrag Basisinformationen zum Thema vermitteln. Dabei beziehen wir uns immer auf sexuellen Missbrauch an hörenden und an hörgeschädigten Menschen. Im Wesentlichen werden wir über Kinder und Jugendliche sprechen.

Im Mittelpunkt steht die Frage nach der Bedeutung der Sinnesorgane: Welche Sinne gibt es? Was heißt es, wenn Menschen ihren Sinnen nicht trauen können? Welche Auswirkungen hat es, wenn suggeriert wird, dass Sinne „falsch funktionieren"? Welchen Stellenwert haben Sinne sowohl für hörgeschädigte als auch für hörende Menschen? Welche Folgen hat es für die Entwicklung von Ausdrucksmöglichkeiten (z. B. der gesprochenen Sprache), wenn sie nicht eingesetzt werden können?

In den folgenden Abhandlungen kommen auch die Betroffenen selbst zu Wort. In Gedichten und Texten kleiden sie in eigene Worte, was sie erfahren haben und was für sie sexuelle Gewalt bedeutet.

1. Definition „Sexuelle Gewalt an Kindern"

Sexueller Missbrauch, sexualisierte Gewalt oder sexuelle Ausbeutung ist jede Einbeziehung von Kindern oder Jugendlichen in eine sexuelle Aktivität, der sie aufgrund ihres emotionalen, kognitiven und verbalen Entwicklungstandes nicht verantwortlich zustimmen können, weil sie deren Tragweite nicht erfassen. Dabei benutzen – zumeist männliche – Erwachsene oder ältere Jugendliche das vorhandene Macht-, Abhängigkeits- und Kompetenzgefälle zur eigenen sexuellen Stimulation und Bedürfnisbefriedigung. Zentral ist dabei die Verpflichtung zur Geheimhaltung, oft verbunden mit der Androhung von Gewalt gegen das betroffene Kind oder gegen Personen oder Haustiere, die das Kind liebt (vgl. ZIMMERMANN, unveröffentlicht, Wildwasser Berlin, 2000).

Der theoretische, wissenschaftliche und ethische Hintergrund hat unterschiedliche Definitionen von sexuellem Missbrauch geprägt, so dass noch keine akzeptierte allgemein gültige Systematisierung in der Wissenschaft entwickelt werden konnte (vgl. WIPPLINGER/AMANN 1997).

2. Ausmaß

Entgegen der lange Zeit herrschenden Meinung, Kinder würden meist durch Fremde sexuell missbraucht, zeigen unterschiedliche ausländische Dunkelfelduntersuchungen, dass der überwiegende Teil der Mädchen und Jungen die Täter bereits vor dem sexuellen Missbrauch kennt.

Mädchen werden demnach zu etwa einem Viertel durch Familienangehörige, zur Hälfte durch Bekannte und zu 15–25 % durch Fremde sexuell missbraucht. Bei den Jungen kommen die Täter mit 10–20 % etwas seltener aus der Familie. Dafür werden Jungen häufiger als Mädchen Opfer von Tätern aus dem außerfamiliären Nahraum und von Fremden (vgl. BANGE/DEEGENER, 1996).

Je nach den Kriterien statistischer Erhebungen kommt Bange auf der Grundlage von unterschiedlichen wissenschaftlichen Forschungsergebnissen zu dem Schluss, dass etwa jedes dritte bis fünfte Mädchen und jeder siebte bis zwölfte Junge sexuell missbraucht wird.

Zu ähnlichen Ergebnissen kommt eine Veröffentlichung der *Gewerkschaft der Polizei* Anfang des Jahres 2000: Demnach wird davon ausgegangen, dass in Deutschland derzeit jedes fünfte Mädchen und jeder 13. Junge vor dem Erreichen des 14. Lebensjahres mindestens einmal sexuell missbraucht wird. (Vgl. GALLWITZ/PAULUS/GAAL, 1999)

Über das Ausmaß von sexuellem Missbrauch bei hörgeschädigten Kindern, Jugendlichen und Erwachsenen gibt es kaum wissenschaftliche Untersuchungen. Es handelt sich hierbei, ähnlich wie bei der Gruppe der lern- oder geistig behinderten Menschen, um ein sehr tabuisiertes, im Verborgenen liegendes Verbrechen. Hierfür mitverantwortlich ist die Tatsache, dass den Opfern oft die Möglichkeit fehlt, das Geschehene in ihren Worten für die hörende Welt glaubwürdig zu beschreiben.

Vier Studien aus der Zeit von 1984 bis 1987 aus dem amerikanischen Raum sprechen von einer Häufigkeit von sexuellen Übergriffen bei über 50 % der hörgeschädigten Mädchen und Jungen. Zusammenfassend handelt es sich dabei um sexuellen Missbrauch sowohl durch Mitschüler und Mitarbeiter der sonderpädagogischen Einrichtung als auch durch Familienangehörige. (Vgl. SULLIVAN/ VERON/SCALAN, 1987)

Bei den Fällen, die uns in der klinischen Praxis zu Ohren kamen, spielte fast ausschließlich extrafamiliärer Missbrauch eine Rolle. Meistens waren die Täter ältere, manchmal auch jüngere Mitschüler. Nur in Einzelfällen handelte es sich um unbekannte, planmäßig vorgehende erwachsene Täter, die jedoch ihrerseits das Opfer manchmal zuvor schon kannten und in der Umgebung der Schule abfingen. Zwei Einzelfälle aus der klinischen Praxis zeigten einen intrafamiliären Missbrauch. Es handelte sich um ein geistig behindertes Mädchen mit einer Hörschädigung, das vom Vater während der Besuchswochenenden missbraucht wurde, und um ein normal begabtes Mädchen, das wiederholt vom Stiefvater missbraucht wurde.

Die Ergebnisse der oben genannten Studien aus dem amerikanischen Raum finden sich in unserer klinischen Praxis (Zeitraum 1995–2000) insofern bestätigt, als die Täter ihre Opfer überwiegend während längerer Busfahrten oder auf dem Schulgelände misshandelten. Es kam auch zu Missbrauchshandlungen im Verlauf von Schulreisen. Genauer ereignete sich der Missbrauch hinter Treppen, in Toiletten und in geheimen Ecken, manchmal sogar im Klassenzimmer selbst und auf Klassenfahrten in den Schlafräumen. Diese Handlungen bleiben meist unbemerkt, da das gehörlose Opfer in der Regel nicht schreit und es nicht zu verbalen Interaktionen kommt. Zudem sind die ZimmernachbarInnen selbst gehörlos und bemerken nur, was sie sehen.

Besonders auffallend war der Umgang der Institutionen mit den Tätern. Gehörlose Mädchen werden sehr viel eher als sich anbietend und selbst beteiligt erlebt und eingeschätzt als hörende Mädchen. Die Institutionen gehen davon aus, dass an der Täterstruktur eigentlich zunächst gar nichts geändert werden kann, am Verhalten des Opfers

hingegen etwas geändert werden muss. Es kam nur in zwei von fünfzehn Fällen zu einer von den Eltern der Opfer initiierten Anzeige und
auch zu klaren Konsequenzen, Verurteilungen oder Internatsverweis.
In zwei von diesen fünfzehn Fällen waren es Erzieher, die von den Opfern ins Vertrauen gezogen wurden und dann gemeinsam mit diesen
und mit Hilfe der Abteilung für Kinder- und Jugendpsychiatrie Anzeige erstatteten. Es entsteht also der Eindruck, dass gehörlose ebenso
wie hörende Opfer eher die Erfahrung machen, dass es nicht zu einer
Vergeltung der ihnen zugefügten Straftat kommt. Interessant ist weiterhin, dass die Eltern der Opfer – bis auf die oben genannten Aus-
nahmen – beinahe ausschließlich nicht über den Missbrauch informiert
waren, sondern der Missbrauch über die Institutionen selbst, in diesen
Fällen durch die Erzieherinnen, aufgedeckt wurde. Im Vergleich mit
den zuständigen Internatserzieherinnen, die den Missbrauch selbst
thematisierten, gingen die Eltern eher banalisierend mit dem Problem
um. Entscheidend ist hierbei, dass die wesentliche Angst des Opfers,
wenn es den Missbrauch anspricht und eine Aufdeckung beginnt, sich
nicht wie bei hörenden Opfern auf das Zerreißen der Familie bezieht,
sondern auf den Ausstoß aus der kleinen hörgeschädigten Subkultur.
Inhaltlicher Hintergrund für einen solchen Ausstoß ist die Anerkennung durch Jungen, die Mädchen sich altersangemessen in der Pu-
bertät wünschen, wobei sie weniger als hörende Mädchen in der Lage
sind, zwischen Nähe und Distanz ein für sie passendes Gleichgewicht
herzustellen, ohne sich Übergriffen ausliefern zu müssen. So ist die
taktile Wahrnehmungsebene bei Gehörlosen neben der visuellen die
wesentlichste Kommunikationsebene. Körperliche Berührungen zäh-
len bereits bei Erstkontakten häufig zum „normalen gehörlosen Umgang". Adoleszente gehörlose Mädchen, die sich in unserer Ambulanz
vorstellten, äußerten ohne Ausnahme, dass sie sich nach Zärtlichkei-
ten sehnen, sexuellen Kontakt jedoch noch ablehnen, dies den Jungen
aber nicht begreiflich machen können. Zum Teil haben sie auch
Angst, von den Jungen nicht mehr beachtet zu werden, wenn
sie sich sexuellem Kontakt verwehren; sie fürchten, als „un-
reif oder kindisch" abgestempelt zu werden. Die Mädchen
äußerten, sich dann auch auf sexuelle Kontakte einzulas-

sen, um sich ihre Wünsche nach körperlicher Nähe und Anerkennung erfüllen zu können.

3. Sexueller Missbrauch als Trauma

Sexueller Missbrauch kann für die betroffenen Kinder und Jugendlichen ein Trauma nach sich ziehen. Nach Francine Shapiro (vgl. SHAPIRO, 1998) sind Traumata oder traumatische Erlebnisse Situationen, in denen Menschen von Ereignissen überrascht werden, die durch ihr plötzliches Auftreten und ihre Heftigkeit bzw. Intensität die Betroffenen in einen ungeschützten Angst-Schreck-Schockzustand, also in einen Stresszustand versetzen. Auf die theoretische Diskussion um Traumata und Traumaarbeit soll an dieser Stelle nicht näher eingegangen werden. Wir fassen hier nur die Beschreibung von Michaela Huber zusammen, einer Psychotherapeutin aus Kassel, die sich in ihrer Arbeit in besonderem Maße mit dissoziativen Störungen beschäftigt. Demnach ist ein Trauma das Erleben plötzlicher und heftiger oder anhaltender äußerer und/oder innerer Bedrohung, das mit dem Gefühl von Todesangst, Hilflosigkeit (Ohnmacht), Schutzlosigkeit und oft auch mit körperlichem Schmerz und Verletzungen einhergeht. Michaela Huber nennt dies eine „traumatische Zange" aus Angst, Ausgeliefertsein und Ohnmacht. (Vgl. HUBER, 1998)

Im folgenden Gedicht eines Mädchens wird sehr gut ausgedrückt, was diese traumatische Zange für ein jugendliches Mädchen beinhaltet:

Komm mal her mein Kind,
jetzt wirst du aufgeklärt,
und wenn du dich wehrst,
dann spürst du mein Schwert.
Halt den Mund,
sonst scheuer ich dich wund.
Du bist noch sehr klein,
wenn du sprichst, kommst du ins Heim.
Mutter soll es nicht wissen,
sonst hast du ihr Herz zerrissen.

Beiß in die Kissen.
Du brauchst jetzt nicht pissen.
Du musst mich verstehen,
soll ich zu anderen gehen.
Er ist noch so klein, dein Busen,
das ist doch nur Schmusen.
Jetzt geh dich waschen,
was hab ich mit dir, Dreckstück, zu schaffen.
(SAGA SEAN, o. J., unveröffentlichte Gedichte, Sammlung, Wildwasser Berlin)

Traumastörungen nehmen einen erheblich breiteren Raum ein als bisher angenommen. Auch in der Durchschnittsbevölkerung werden sie unterdiagnostiziert und weisen eine Prävalenz, d. h. eine Erkrankungshäufigkeit von 2 bis 5 % auf, wobei die Dunkelziffer sehr groß ist. Bei Menschen mit einer Lernbehinderung oder einer geistigen Behinderung liegt die Rate weitaus höher. Auch bei hörgeschädigten Patienten muss angenommen werden, dass der im Vergleich zu Hörenden deutlich höhere Prozentsatz an Angst- und Suchterkrankungen mit einer ebenso deutlich größeren Anzahl an Traumastörungen bei Hörgeschädigten korreliert. Jedes Trauma kann jedes psychische Symptom hervorbringen, muss es aber nicht. Entscheidend sind die Dauer und die Schwere der traumatischen Erfahrung, das invalidierende, d. h. das ungünstige oder zusätzlich schädigende Umfeld, das psychosoziale Umfeld sowie die Persönlichkeit des Täters und des Opfers.
Zwei typische Störungsbilder treten nach traumatischen Erfahrungen auf:

→ die posttraumatische Belastungsstörung (abgekürzt PTSD) nach einmaligen oder wenigen Traumata und
→ die emotional instabile Persönlichkeitsstörung nach mehrjährigen, lang andauernden traumatischen Erfahrungen.

4. Sprachlosigkeit als Selbstschutz

Eine sexuelle Gewalterfahrung als traumatisches Ereignis kann Sprachlosigkeit als eine Folge nach sich ziehen. Hier ein Beispiel aus der Beratungspraxis, das beschreibt, wie ein Kind nach einem sexuellen Übergriff tatsächlich aufhörte zu sprechen:

Ein ca. fünfjähriges vietnamesisches Mädchen besuchte die Vorschule in einer Kindertagesstätte; die Familie des Mädchens lebte bereits seit langem in Deutschland und hatte ein vietnamesisches Restaurant. Das Mädchen sprach, wenn auch wenig, nur mit Freundinnen und Freunden. Sie war in ihrer Gruppe gut integriert und beteiligte sich an Spielsituationen. Mit Erwachsenen allerdings verweigerte das Mädchen jeglichen Kontakt und sprach kein Wort. Die Vorschulerzieherin, die sich um das Mädchen Sorgen machte, kommunizierte mit ihr über die Freunde und Freundinnen; auf direkte Ansprache reagierte das Kind nicht.

Gründe für das Schweigen des Mädchens waren nicht ersichtlich. Nach mehreren Beratungen mit der Vorschulerzieherin setzten sich alle Helferinnen und Helfer zusammen, die das Mädchen kannten oder in irgendeiner Art mit ihr zu tun hatten. Dies waren die Erzieherin der Kindertagesstätte, bei der das Kind früher war, die Vorschulerzieherin sowie die Horterzieherin, die die 8-jährige Schwester in der Hortgruppe betreute.

Während dieses Treffens äußerte die Horterzieherin einen Missbrauchsverdacht bei der älteren Schwester: Es war aufgefallen, dass diese keinen Körperkontakt zuließ, dass sie viele Ekeläußerungen zeigte und Angst hatte, auf die Toilette zu gehen.

Im Verlauf des weiteren Aufenthaltes im Hort eröffnete sich die ältere Schwester der Horterzieherin und erzählte, dass sie und ihre kleine Schwester sexuelle Übergriffe durch den Koch der elterlichen Gaststätte erlebten. Sie mussten ihn oral befriedigen und wurden von ihm an den Genitalien manipuliert. Dabei musste ein Mädchen dem anderen zuschauen. Der Koch hatte die Mädchen mit einem Redeverbot belegt: Wenn sie etwas erzählten, würden die Eltern und die ganze Familie ihre Existenz verlieren, sie würden auf der Straße stehen und müssten zurück nach Vietnam.

Hier ging es also um eine doppelte Traumatisierung: Es lag Gewalteinwirkung durch sexuellen Missbrauch (physisch und emotional) vor, sondern es war außerdem die langjährige äußere und innere Gefährdung der sozialen Existenz der Familie eingesetzt worden, um die beiden Mädchen zu bedrohen.

Nachdem sich die ältere Schwester eröffnet hatte, konnte mit den Eltern in Kontakt getreten werden. Weitere therapeutische Maßnahmen wurden zur Unterstützung der Kinder eingeleitet.

Die jüngere Schwester schwieg allerdings noch 1 1/2 Jahre lang. Erst dann konnte sie schließlich sagen, warum sie nicht gesprochen hatte: Das Reden mit Erwachsenen war zu gefährlich gewesen, die Konsequenzen des Redens zu schrecklich.

5. Hörschädigung oder Mutismus als Folge sexuellen Missbrauchs

Hörschädigungen als Folge sexuellen Missbrauchs sind nicht sicher belegt, es gibt keine wissenschaftlichen Untersuchungen oder Fallberichte hierüber. Aus meiner klinischen Praxis ist jedoch ein Mädchen bekannt, welches im Rahmen eines mehrjährigen sexuellen Missbrauchs an chronisch rezidivierenden Mittelohrentzündungen litt und nun, fünf Jahre später, einen progredienten Hörverlust zeigt. Sicher können sowohl die Mittelohrentzündung als auch der progrediente Hörverlust als Folgen anderer, prädisponierender Faktoren völlig unabhängig von der Traumatisierung aufgetreten sein. Aber die Äußerungen des Mädchens passen sehr bezeichnend zu dem progredienten Hörverlust und erinnern an eine psychosomatische Folge des sexuellen Traumas: Das Mädchen sagt aus, nicht mehr hören und sprechen zu wollen, mit der Welt abgeschlossen zu haben, nur allein sein zu wollen. Denn alles, was andere als schön, entspannend, befriedigend erleben – Musik, Tanz, Lust, Zärtlichkeit –, all das beängstigt sie, weil es sie an den Missbrauch erinnert. Sie sagt, dass sie lieber taub und stumm leben möchte, um ein anderes Leben anfangen zu können und nicht auf jedem Fußtritt an ihre traumatischen Erfahrungen erinnert zu werden. Die Frage bleibt offen, ob in dieser inneren Atmosphäre das

Organ Ohr reagiert und seine Leistungsfähigkeit sich zunehmend verschlechtert.

Eine verbreitete Form der Sprachlosigkeit bei hörenden wie auch bei gehörlosen Menschen ist der Mutismus. Mutismus ist ein psychiatrischer Begriff und meint eine Störung, die mit einem extremen Rückzug aus der zwischenmenschlichen Kommunikation einhergeht. Dafür verantwortlich sein kann ein schweres unverarbeitetes Trauma, ein Wust unverarbeiteter Erfahrungen, das innere Chaos der widersprüchlichen Handlungsimpulse, im Fall des vietnamesischen Mädchens zum Beispiel der Konflikt, welcher Impuls in dieser Situation überhaupt noch realisiert werden kann: Was kann sie tun? Was kann sie sagen? Sie weiß nicht, was sie tun kann, und deswegen schweigt sie.

Je weniger die Kinder reden, desto weniger verfangen sie sich erneut im eigenen Gedankennetz. Hörgeschädigte Kinder oder Jugendliche können sehr viel schwerer eine eigene Sprache für das Trauma finden. Zwar gelingt ihnen die szenisch-emotionale Darstellung oft gut, nicht jedoch die konkrete, sachlich-grammatikalisch richtige Darstellung des Geschehenen, die es ermöglichen würde, das Geschehene öffentlich zu machen und den Täter zu verurteilen. Genau dies ist der eigentliche Grund, warum Menschen mit Einschränkungen ihrer lautsprachlichen Kompetenz „beliebte" und prädisponierte Opfer sexuellen Missbrauchs sind.

Eine dritte Möglichkeit des Problemlöseverhaltens Hörgeschädigter mit Traumata zeigt eine andere Patientin: Sie zog sich nicht zurück, sondern konnte im Verlauf von 15 Sitzungen in einem gebärdensprachlichen „Redeschwall" ihre Wut ausdrücken. In diesen Sitzungen wurde jedoch klar, dass die Patientin ihren eigenen Gedankengang trotz des Redeflusses nicht strukturieren konnte. Die therapeutische Aufgabe bestand darin, für sie eine Ordnung dieser verwirrenden und vielfältigen Informationen herzustellen, also die vielen kleinen Mosaiksteine in ein gesamtes Bild zu integrieren. Für die Patientin war es heilsam, ihre Wut nach außen zu tragen und so nicht gegen sich selbst richten zu müssen, da sie eine geeignete Atmosphäre vorfand, in der sie ihren Gefühlen freien Lauf lassen konnte und auch gebärdensprachlich verstanden wurde. Der „mutistische" Lösungsweg, der als eine eher defensiv-autoaggressive Variante zu interpretieren ist, kann über einen gewissen Zeitraum als heilsamer Schutz wirksam sein, ist langfristig jedoch auch mit erheblichen persönlichen Einschränkungen für das Opfer verbunden. Die im letzten Fall beschriebene unstrukturierte Offenbarung dagegen kann das Opfer zwar anfänglich noch verwundbarer machen, langfristig aber helfen, die traumatische Erfahrung zu verarbeiten.

6. Probleme im Umgang mit sexueller Gewalt

Wenn wir uns umschauen, können wir kaum glauben, dass es so viele von Missbrauch betroffene Menschen unter uns gibt. Auch können wir uns nur schwer vorstellen, dass es so viele Täter und Täterinnen gibt, von denen einige auch aus unserem Bekanntenkreis kommen können. Es fällt nicht leicht, sich vorzustellen, dass der eigene Partner, die eigene Partnerin, der sehr gute Freund zu so etwas fähig wäre. Diese Unvorstellbarkeit ist einer der Gründe, warum es so schwer ist zu glauben, dass es sexuellen Missbrauch gibt.

Im Folgenden möchte ich einige Bedingungen zusammentragen, die es für das Kind so schwierig machen, seine traumatischen Erfahrungen mitzuteilen:

Sexuelle Gewalttaten finden meist nicht in der Öffentlichkeit statt, sondern im vertrauten Raum der betroffen Kinder und Jugendlichen. Sie sind nicht von Außenstehenden zu sehen, und zuweilen hat das Mädchen oder der Junge selbst keinen Zugang zu dem Geschehen durch den Gesichtssinn. Wie kann das Kind Vorgänge in Worte fassen, zu denen es selbst keinen Zugang hatte oder hat? Übergriffe sind zwar wahrgenommen worden, können aber nicht mitgeteilt werden, weil sie nicht wirklich gesehen wurden. Sie fanden zum Beispiel nachts im Dunkeln statt. Es kommt immer wieder vor, dass Kinder Dinge erzählen wie: „Nachts kommen immer Gespenster zu mir. Sie sind riesig, stinken, fauchen und versuchen, mir meine Beine auseinander zu reißen." Morgens, wenn das Kind sich mitteilt, wird ihm oft nicht geglaubt, weil es nicht vorstellbar ist, dass etwas passiert sein könnte. Ist es möglich, dass das Kind „spinnt"? Die Wahrnehmung mit dem Gesichtssinn kann das Kind kognitiv nicht nachvollziehen, indem es der Wahrnehmung durch Worte Gestalt verleiht.

Folgen langfristiger traumatischer Erlebnisse auf die Sinneswahrnehmung werden immer wieder von KlientInnen und PatientInnen beschrieben. Sexuell missbrauchte Menschen, Hörende und Gehörlose, beschreiben häufig eine Unterempfindlichkeit oder auch eine Überempfindlichkeit der Sinne. Ihrer Identität beraubt, scheint die innere Leere mit einer emotionalen Abstumpfung einherzugehen. Innere Leere, emotionale Abstumpfung, Gefühllosigkeit sind typische Symptome der schweren Depression, die wiederum Folge einer schweren Traumatisierung sein kann. Wiederholt beschreiben hörende wie gehörlose PatientInnen, dass sie glauben, ihr Seh- und Hörvermögen habe sich während der schweren Traumatisierung verschlechtert. Ein wissenschaftlich begründeter Zusammenhang zwischen Hörschädigung und Traumatisierung wird nicht beschrieben (s. o.). Dennoch gibt es aus dem Bereich der Kinderpsychiatrie und -psychosomatik Hypothesen, welche psychopathologische Auffälligkeiten Kurz- und Weitsichtiger sowie Hörgeschädigter in Bezug zu ihrer Biographie und ihrer Persönlichkeitsstruktur setzen, nicht aber zu einer Traumatisierung.

Am deutlichsten kann man vielleicht als Beispiel für die Sinnesveränderung durch eine Traumatisierung das Beispiel der emotional instabilen Persönlichkeiten anführen, die schwere Selbstverletzungen durchführen, Glasscherben schlucken, sich mit Rasierklingen tiefe Schnittwunden beifügen, nach ihrer Aussage, um sich selbst irgendwie spüren zu können. Hierzu folgendes Gedicht:

Es ist dunkel und still.
Gesichter und Stimmen streichen wie Narben über meinen Augen und Ohren.
Schreie legen sich wie ein Schleier über meine Augen.
Kalte Hände sitzen wie Steine
drückend, bohrend
in meinen Ohren
ich bin blind und taub

eingesperrt in eigener Starre.
Wie befreit bin ich,
dies alles nicht mehr hören zu müssen
und zu sehen
doch wie sehr schmerzt es mich,
so abgeschnitten, ausgestoßen zu sein, von der Welt
von einer tröstenden Stimme,
warmen Worten,
dem geborgenen Gefühl
lockerer Unterhaltung.
Verloren im unerträglichen Nirgendwo
gräbt in mir die Frage:
Werde ich mich jemals wieder freier fühlen wenn ich Worte für
das finde,
was mir geschehen ist?
(A. SCHWERDTFEGER, 1981)

Sexuelle Gewalt ist meist nicht zu hören. Welche Möglichkeiten hat ein Kind, sich mitzuteilen, wenn es selbst Zweifel an seiner Wahrnehmung hat? Was war es, was das Kind letzte Nacht neben sich schnaufen hörte? Hat es sich das eingebildet? Niemand sonst hat es gehört.

Obwohl Kinder mit all ihren Sinnen etwas wahrgenommen haben, können sie ihre Wahrnehmung aufgrund des kontextualen Zusammenhangs kognitiv nicht einordnen. Sie sahen, sie hörten, sie rochen – Schweiß, Ausdünstungen, Sperma –, sie schmeckten und sie fühlten bzw. ertasteten etwas. Und der sechste Sinn, die Intuition? Intuition ist eine Sinneswahrnehmung, die dazu dient, sich in allen Lebenslagen bewegen zu können, sie ist real für das Individuum und szenisch komplex. Und selbst der Intuition können die Kinder nicht glauben. Die Intuition wird ausgeschaltet.

Das Kind fürchtet nun, da seine Wahrnehmungen in keinem Zusammenhang erklärt werden können, dass etwas an seinen Sinnen falsch sein muss. Demnach kann es sich nicht auf sie verlassen.

Sprache als Mittel, Wahrnehmungen in Worte zu fassen und Kognitionen zu überprüfen, wird nicht mehr eingesetzt, da das Kind keine Rückkoppelung durch andere zur Kontrolle eigener Erfahrungen erfährt. Es hat keinen **Sinn** mehr, wahrzunehmen und sich zu äußern. Das Kind hört auf zu sprechen.

7. Mögliche Auswirkungen von Traumata: Abspaltung, Flashback

Lang dauernde schwere traumatische Erfahrungen sind für das Opfer oft nur durch Abspaltung des Erlebten aus dem Bewussten zu ertragen. Abspaltung wird eine Isolierung der Erinnerung genannt, bei der auch Persönlichkeitsanteile abgespalten werden, die die traumatische Erinnerung wieder erwachen lassen könnten. Das bedeutet, dass das Opfer diese Persönlichkeitsanteile verdecken oder maskieren muss und meist Rollen spielt, um beispielsweise die tiefe Hilflosigkeit und Traurigkeit aktuell nicht empfinden zu müssen. Dies kann zu einer tief greifenden Persönlichkeitsveränderung führen, da der Betreffende nicht zu einer eigenen Authentizität gelangen kann.

Neben Abspaltungen, die schwere Folgen für das ehemalige Opfer mit sich bringen, gibt es auch so genannte Flashbacks. Darunter versteht man filmsequenzartige Wieder-Erinnerungen an das Erlebnis, die ein ganz typisches Symptom der posttraumatischen Belastungsstörung darstellen. Sie sind zwar ebenso belastend für die Betroffenen, aber dennoch im Vergleich zur Persönlichkeitsstörung, also zum Beispiel der emotional instabilen Persönlichkeitsstörung, traumatherapeutisch sehr viel einfacher und besser behandelbar. Das filmsequenzartige Wiedererleben der Traumatisierung, das mit den entsprechenden sensorischen und vegetativen Empfindungen und Reaktionen verbunden ist, kann mittels traumatherapeutischer Intervention bearbeitet werden.

Im günstigsten Fall genügen schon wenige Sitzungen für eine Behandlung so genannter Flashbacks, die auch mit Alpträumen, schweren Schlafstörungen und einer langfristigen depressiven Verstimmung einhergehen. Die therapeutische Aufgabe besteht dabei inhaltlich in der Unterstützung des Opfers, Worte für das Erlebte zu finden und die einzelnen Filmsequenzen zu einem gesamten, strukturierten Film zusammenzusetzen. Dabei muss die oder der Betroffene gehalten und geführt werden, damit die Erträglichkeitsgrenze nicht überschritten wird, da es sonst zu einer Re-Traumatisierung kommen kann.

8. Warum ist das Trauma des sexuellen Missbrauchs so schwer zu bearbeiten?

Sichtbare körperliche Folgen

Sexuelle Gewalttaten haben meist keine körperlichen Spuren zur Folge. Selbst vaginale Penetration ist nicht notwendigerweise diagnostizierbar (vgl. Bernd Herrmann, Kinderarzt in Kassel, anlässlich eines Vortrages in Stuttgart, Fachtagung der Deutschen Gesellschaft gegen Kindesmisshandlung und -vernachlässigung, 2000). Letzten Endes ist eine qualifiziert erhobene Aussage des Kindes selbst immer noch die einzige Möglichkeit, Kindesmissbrauch zu diagnostizieren. Medizinische Untersuchungen ergeben unterschiedliche und sehr verwirrende Ergebnisse, die als Beweis für verübten sexuellen Missbrauch nicht herangezogen werden können.

Ambivalenz

Ein weiterer Grund für von sexueller Gewalt betroffene Kinder und Jugendliche, ihre traumatischen Erfahrungen nicht mitzuteilen, ist die Tatsache, dass sie meist äußerst ambivalente Gefühle in Bezug auf den Täter haben, weil sie ihn in der Regel gut kennen und oft sehr schätzen. Dies verwirrt sie und lässt sie an sich und ihrer Wahrnehmung zweifeln.

In diesem Zusammenhang hat sich Ruud Bullens, niederländischer Therapeut, intensiv mit Tätertherapien beschäftigt. Er redet von den zwei Gesichtern des Täters: Das nette und das nichtnette Gesicht: „Eigentlich ist es unverständlich, dass die Gesellschaft die Täter als Monster statt als sehr freundliche Menschen darstellt. Natürlich: Das, was die Täter tun, was sie denken, was sie empfinden in Bezug auf den Missbrauch, ist ungeheuerlich. Aber abgesehen davon benehmen sie sich genauso freundlich wie jede andere Person" (vgl. BULLENS, 1999). Bullens spricht von einer „Two-Face-Figur". Diese Two-Face-Figur verwirrt das Kind. Oft ist es die beschützende und versorgende Person, die den Missbrauch vornimmt. In dieser Verwirrung weiß das Kind nicht, was es eigentlich denken soll; die Gefühle sind ambivalent.

In einem Gedicht beschreibt ein Mädchen diese Ambivalenz, die bei ihr zur Abspaltung von Persönlichkeitsanteilen führte:

Du weißt nicht genau, was geschah.
Doch immer wieder ist es da –
Das Bild du + er unter der Dusche, im Zimmer allein
Bild von Spielereien.
Alle sagen, schön könnte es sein,
aber es war ein Schwein.
Geist und Körper sind sich nicht mehr nah.
Schweiß und Tränen kleben am Haar ...
(Gedicht von M./99, unveröffentlichte Gedichte, Sammlung Wildwasser Berlin)

Drohungen

Kinder und Jugendliche, die von sexueller Gewalt betroffen sind, werden oft auf unterschiedlichen Ebenen durch Drohungen zum Schweigen aufgefordert. Wie in dem Beispiel mit dem vietnamesischen Mädchen dargestellt, sind die Drohungen sehr massiv und haben weit reichende Konsequenzen.

Dies hat zum Beispiel zur Folge, dass die Kommunikation mit Vertrauenspersonen gestört oder zerstört und dass die Verantwortung für den Familienzusammenhalt von den Kindern und Jugendlichen übernommen wird. Die Drohungen verfehlen ihre Wirkung nicht: Das vietnamesische Mädchen etwa sprach unter dem Druck des Schweigegebots nicht mehr mit Erwachsenen und übernahm so Verantwortung für die Familie.

Die Angst vor dem Verlust geliebter Personen, vor deren Unglaube, Wut, Ärger und Ausschluss führt zur Geheimhaltung sexueller Übergriffe und macht Kinder und Jugendliche sprachlos.

Schuldgefühle

Ein weiterer Grund dafür, dass Kinder und Jugendliche den Missbrauch verschweigen, sind Schuldgefühle: Die Mädchen und Jungen fühlen sich schuldig, weil sie glauben, dass sie den Missbrauch selbst verursacht und sich nicht hinreichend gewehrt haben. Sie reden nicht über die Übergriffe, weil sie denken, sie seien selbst schuld. Dazu ein Beispiel:

> *Er hatte Angst, man könne sie sehn*
> *Angst, man könne das doch falsch verstehn*
> *Wahrscheinlich war er im Recht – du hast den Fehler gemacht.*
> *Wahrscheinlich hast du ihn zum Wahnsinn gebracht.*
> *Doch wird all dies nur Übertreibung, Einbildung sein,*
> *du warst ja damals dumm und klein.*
> (unveröffentlichte Gedichte, Sammlung Wildwasser Berlin)

Und noch eine Geschichte eines Mädchens zum Thema „Ich war schuld":

> *Das Fest fand in einer unterirdischen, dunklen Höhle statt. Eingeladen waren viele Feen, Magier und Pane.*
> *Die kleine Elfe war fasziniert von all den fremden Gesichtern und bei den magischen Klängen einer Panflöte wurde sie übermütig.*
> *Sie kostete süße Wurzeln und nippte am Zaubertrank. Dann wurde sie benommen. Plötzlich kamen zwei Pane und trugen die kleine Elfe in eine Nebenhöhle. Dort legten sie sie auf flauschige Kissen, nahmen sie in den Arm und flüsterten immer wieder: „Kleine Elfe! Kleine, süße Elfe ..."*
> *Doch dann verwandelten sie sich: Ihre Hände wurden zu Krallen, ihre lieben Gesichter zu Fratzen, ihr Atem ging laut und unregelmäßig, sie wurden grob.*

*Die kleine Elfe bekam es mit der Angst zu tun, aber es war
schon zu spät: Die beiden Pane fielen über sie her und verletz-
ten sie. Die kleine Elfe wollte schreien, aber kein Ton kam aus
ihrer Kehle. Stattdessen begannen ihre Tränen zu fließen, roll-
ten über ihre Wangen, tropften auf den Boden und bildeten
eine schillernde Pfütze.*

*„Sieh mal, die kleine Elfe weint!", lachte einer der beiden Pane
mit bebender Stimme. „Wir haben es geschafft! Sie weint ..."
Die beiden Pane lachten laut und grässlich. Blut tropfte in die
schillernde Pfütze und färbte sie rot.*

Dann verlor die kleine Elfe das Bewusstsein.

(unveröffentlichte Gedichte, Sammlung Wildwasser Berlin)

Bei gehörlosen PatientInnen haben wir die Erfahrung gemacht, dass
sie in ihrer Gestik und Mimik und mit dem, was sie laut- und gebärdensprachlich äußern, sehr gut und eindrücklich ihre Wut und Angst
ausdrücken können. Was ihnen jedoch sehr schwer fällt, ist, ihre Gefühle in einen Zusammenhang zu bringen, ihre Schuld- und Scham-
gefühle auszudrücken und ihre Wut und ihre Angst in einen klaren Bezug zu dem eigentlich Erlebten und Geschehenen zu setzen. Das
Ausmaß dieser Defizite ist auch sehr stark davon abhängig, in welchem Entwicklungsalter sich das Kind oder der Jugendliche befindet,
und es ist ganz wichtig, in der therapeutischen Arbeit Brücken zu bau-
en, um den PatientInnen zu helfen, die genannten Zusammenhänge
herauszuarbeiten. Das geht auch bei kleineren Mädchen, die oft sehr
viel besser als erwachsene Gehörlose über sich reden können. So kann
man sie zum Beispiel über Geschichten oder über Symbol-Spiele
verlocken, etwas von sich preiszugeben. Ebenso ist eine solche Arbeit
mit geistig behinderten Mädchen und Jungen möglich, sie ist nicht
von der Intelligenz abhängig.

Wesentlich ist also, dass hinsichtlich der Schuld- und Schamge-
fühle bei Gehörlosen die Frage offen bleibt: Wo bleiben diese Gefühle, wenn keine Brücken gebaut werden können, wenn kein Zusammenhang hergestellt werden kann?

Scham

Kinder und Jugendliche, die von sexueller Gewalt betroffen sind, schämen sich oft unendlich, weil sie das Gefühl haben, dass sie schlecht und verdorben sind, und sie glauben, dass nur sie sexuelle Gewalt erfahren haben. Daher versuchen sie, die Vorgänge zu verbergen, obwohl sie das Gefühl haben, dass jeder Mensch ihnen ansieht, was ihnen passiert ist. Dieses Gefühl, schlecht und verdorben zu sein, macht sie sprachlos. In einem Gedicht setzt sich ein Mädchen mit diesem Problem auseinander:

Du sagst
Auch wenn ein Kind missbraucht worden ist,
so ist das Kind nicht schmutzig.
Doch woher
soll das Kind das wissen,
hat man(n) es doch wie
Dreck behandelt ...
(FELICITAS R., unveröffentlichte Gedichte, Sammlung Wildwasser Berlin)

Kinder und Jugendliche, die sexuell missbraucht worden sind, entwickeln oft ein negatives Körpergefühl. Sie empfinden sich als dreckig, ansteckend, unzumutbar und gehen davon aus, dass andere Menschen den Kontakt mit ihnen verweigern würden, wenn sie vom sexuellen Missbrauch wüssten. Daher versuchen sie, die Gewaltübergriffe zu verheimlichen.

Ohnmacht

Jugendliche, die von sexuellen Übergriffen während ihrer Ausbildung betroffen sind, schweigen oft, weil sie zum Beispiel Angst haben, Nachteile zu erleben, und weil sie sich ohnmächtig fühlen.

Mir persönlich ist der Fall eines 16-jährigen Mädchens bekannt, das in einer Fördereinrichtung, einem Berufsbildungswerk, von einem Ausbilder sexuell missbraucht wurde. Auch dieses Mädchen hat lange Zeit geschwiegen. Sie hat dann aber über ihren Bruder eine Sprache, eine Form des Ausdrucks für das Verbrechen, das Erlebte gefunden. Leider konnte die Ausbildungssituation nicht verändert werden, was für das Mädchen sehr ungünstig war. Immerhin haben wir zumindest erreichen können, dass sie die Klasse im Rahmen ihrer Ausbildung wechseln konnte, wodurch sich die Situation etwas entspannt hat. Dieses Mädchen hat auf eigenen Wunsch keine Konsequenzen folgen lassen und keine Anzeige erstattet. Den Missbrauch selbst hat sie aber in den folgenden zwei Jahren sehr gut verarbeitet. Eine Lösung muss also nicht unbedingt immer in strafrechtlicher Verfolgung liegen. Sie kann auch im Gespräch mit dem betroffenen Mädchen und in der Bearbeitung des Erlebten liegen. Die Ohnmacht bestand letztlich darin, nicht über den Vorfall sprechen zu können und dem Ausbilder wegen des ersehnten Berufsabschlusses hilflos ausgeliefert zu sein.

9. Sprachlosigkeit als eine Folge sexueller Gewalterfahrung

Ein abschließendes Beispiel soll verdeutlichen, wie die Erfahrung sexueller Gewalt Kinder buchstäblich sprachlos machen kann:

Zunächst die Vorgeschichte: J.s Eltern hatten sich getrennt. Die Mutter hatte insgesamt sieben Kinder; die zwei jüngsten (J. und ihre anderthalb Jahre ältere Schwester) waren die leiblichen Kinder aus dieser Beziehung.

Nachdem sich die Eltern getrennt hatten, besuchten die beiden jüngsten Mädchen am Wochenende regelmäßig ihren Vater. Nach einem Besuch beim Vater kehrte J. (3 Jahre) nach Hause zurück und sprach nicht mehr. An diesem Wochenende war sie allein beim Vater gewesen, da die ältere Schwester krank war.

J. war immer ein aufgeschlossenes, fröhliches Mädchen gewesen, gut integriert in der Kindertagesstätte und im Geschwisterkreis. Nach dem Besuchswochenende beim Vater hatte sie sich verändert, und der Grund dafür konnte nicht gefunden werden. Die Mutter ging mit J. zum Arzt: Eine medizinische Untersuchung ergab aber keine Anhaltspunkte für körperliche Ursachen der Sprachlosigkeit.

Im Rahmen eines Hausbesuches entdeckte die zuständige Sozialarbeiterin, dass der Vater seine Wohnung mit pornographischen Abbildungen sozusagen tapeziert hatte. Dieses war selbstverständlich noch kein Grund, von einem Missbrauchsverdacht auszugehen. Allerdings berichtete J.s ältere Schwester wenig später von sexuellen Übergriffen durch den Vater. Auch dies bedeutete noch nicht, dass auch J. einen Missbrauch erlebt hatte. Ein zivilrechtliches Verfahren kam jedoch zu dem Ergebnis, dass das Besuchsrecht des Vater mit den jüngeren Töchtern auszusetzen war, da der Schutz der minderjährigen Kinder im Mittelpunkt des Urteils stand.

J. kam in die Schule und hatte das außerordentliche Glück, eine sehr verständnisvolle Lehrerin zu bekommen, die J. weder dazu zwang zu sprechen, noch von ihr verlangte, vor der Klasse vorzulesen. J. hatte in allen Fächern sehr gute Noten. Erst allmählich begann sie wieder zu sprechen, wenn auch zunächst nur mit der 1 1/2 Jahre älteren Schwester. Sie „fand" mit der Zeit sehr allmählich ihre Sprache wieder. Aber erst mit ca. 18 Jahren, als sie das Abitur machte, überwand sie endgültig das Schweigen.

10. Schlussfolgerungen und Hypothesen

Sprachlosigkeit kann eine Folge von sexueller Gewalt sein, Sprachlosigkeit kann ebenfalls als Folge einer Hörschädigung auftreten.

In beiden Fällen gilt es, durch Traumata aufgespaltene Persönlichkeitsanteile in Kontakt treten zu lassen. Dies ist durch das Auffinden der Erinnerung möglich, die in Sprache ausgedrückt wird. Betrachten wir traumatische Erinnerungen als verborgene Puzzleteile eines zerbrochenen Spiegels, so gewinnen sie mit Hilfe eines Ausdrucksmittels (Lautsprache, Gebärdensprache, kreative Ausdrucksformen) erneut Gestalt.

Mädchen und Jungen können in einer ihnen entsprechenden „Sprache" unterstützt werden. Sie können durch die Sprache wieder mit ihrer Erinnerung in Berührung kommen und damit auch Möglichkeiten finden, die traumatischen Erlebnisse zu überwinden. Dieser Prozess erfordert die Wertschätzung aller Sinne und ihre Einbeziehung in die kognitive Bearbeitung von Ereignissen.

Literatur

BANGE, DIRK: Die dunkle Seite der Kindheit, 1996

BANGE, DIRK, DEEGENER, GÜNTHER: Sexueller Missbrauch an Kindern, 1999

BULLENS, RUUD: „Der Täter ist ein netter Mensch". In: Wege aus dem Labyrinth, Erfahrungen mit familienorientierter Arbeit zu sexuellem Missbrauch; Evangelisches Jugend- und Fürsorgewerk (Hrsg.) 1999, S. 152–161

GALLWITZ, ADOLF; PAULUS. MANFRED; GAAL. FERDINAND, in: Das Tabu: Sexueller Missbrauch, Sexuelle Gewalt gegen Frauen und Kinder, Sexuelle Gewalt in der Familie, GEWERKSCHAFT DER POLIZEI (Hrsg.), Hilden: Verlag Deutsche Polizeiliteratur, 1999

HUBER, MICHAELA: Multiple Persönlichkeiten, Überlebende extremer Gewalt, 1995

SHAPIRO, FRANCINE: EMDR, Grundlagen und Praxis, 1998

SULLIVAN, PATRICIA; VERNON, MCCAY; SCANLAN, JOHN M.: Sexual Abuse of Deaf Youth, in: American Annals of the Deaf 1987/132, S. 256–262.

VII Gehörlose Frauen – Leben in zwei Welten

Petra Piel

Das Thema „Gehörlose Frauen – Leben in zwei Welten" berührt das Thema „Sexuelle Gewalt und Hörschädigung" nur stellenweise. Mir geht es in diesem Beitrag mehr darum, die Benachteiligung gehörloser Frauen in frauenspezifischen Lebensbereichen aufzuzeigen.

1. „Zwei Welten?"

Unter Gehörlosen ist „Leben in zwei Welten" ein fester Begriff, der Hörenden zunächst etwas seltsam erscheinen mag. Dabei ist es in unserer Gesellschaft inzwischen durchaus normal geworden, dass wir uns in verschiedenen, teilweise deutlich getrennten Lebensbereichen bewegen.

Mit „Leben in zwei Welten" ist das Pendeln zwischen zwei für Gehörlose typischen Lebensbereichen gemeint – dem Leben in der „Welt der Hörenden" und dem in der „Welt der Gehörlosen". Beide Welten haben durchaus Gemeinsamkeiten, aber man muss nicht einmal besonders genau hinschauen, um auch das Trennende, das „Andere" zu sehen. Ich will beide „Welten" aus gehörloser Sicht einmal kurz – und somit auch nur ansatzweise und sehr unvollständig – beschreiben.

Die „hörende Welt" steht für Gehörlose verstärkt für den formalen Rahmen des Alltagslebens: Arbeiten – Finanzen – Kontakte zu Behörden, Ärzten, Banken, Versicherungen, Hausbesitzern – Kindergarten/Schule für die eigenen Kinder. Auch Nachbarn gehören dazu, der Autoverkäufer, die Friseurin, der Busfahrer und vieles andere. Allerdings gehören in der Regel auch die hörenden Eltern und Geschwister dazu. Die eigenen hörenden Kinder betrachten Gehörlose, zumindest solange sie im Familienverband leben, als der „gehörlosen Welt" zugehörig. Zur „hörenden Welt" in diesem Sinne gehören weiterhin vor allem Laut- und Schriftsprache, alltägliche Kommunikationsprobleme und diverse

Stolpersteine, wie z. B. die natürlich nicht gehörte Ansage, dass die S-Bahn an der nächsten Haltestelle endet und man bitte schön vom anderen Gleis weiterfahren möge – um ein eher harmloses Beispiel zu nennen.

Zur „hörenden Welt" gehört für Gehörlose auch viel zu oft und viel zu sehr das Gefühl der Unzulänglichkeit, der übermäßigen Anstrengung und der Isolierung, nicht zu vergessen die schmerzhaften Erfahrungen mit fehlenden Informationen, Unsicherheiten etwa in der Einschätzung des Verhaltens hörender Gesprächspartner, mit mangelnder Beteiligung an Entscheidungen, welche die eigene Person betreffen, und vieles andere.

Bezogen auf Frauen fällt in die „hörende Welt" unter anderem auch der gesamte offizielle Bereich rund um Schwangerschaft, Geburt und Empfängnisverhütung, aber auch Wechseljahre und andere Themen der Frauengesundheit. Die Erfahrungen gehörloser Frauen in diesem Bereich möchte ich Ihnen später beschreiben.

Aber um nicht nur negativ zu sein: Es lässt sich in der „hörenden Welt" auch viel Interessantes, Seltsames und Spannendes entdecken – vorausgesetzt, die Bedingungen für Entdeckungsreisen stimmen. Und da man dieser Welt auch mit tauben Ohren ohnehin nicht entgehen kann, versucht man eben, dort so gut wie möglich zurechtzukommen.

Mit der „gehörlosen Welt" haben sich gehörlose Menschen ihre eigene soziale Dimension geschaffen, die allerdings erst in den letzten Jahren langsam in das Blickfeld der Öffentlichkeit gerät. Es handelt sich dabei nicht um eine isolierte Schicksalsgemeinschaft mit einem einzigen Ziel, dem alle verpflichtet sind, sondern um einen sozialen Raum, in dem sich viele Individuen zu sehr unterschiedlichen Zwecken zusammengefunden haben. Sie sind verbunden durch gemeinsame Erfahrungen und Werte, durch ihre spezifische Art der Kommunikation und durch das Engagement für die „gehörlose Welt".

Für die Mitgliedschaft ist weniger der Hörstatus ausschlaggebend als primär eine Identifikation mit Gebärdensprache und Gehörlosenkultur. Die „gehörlose Welt" verfügt über eine eigene – regional unterschiedlich entwickelte – Infrastruktur, bei der die Gehörlosenvereine eine wichtige, aber keineswegs die einzige Rolle spielen. Hier werden vielfältige Angebote organisiert, sei es eine Eltern-Kind-Gruppe, ein Selbstverteidigungskurs für gehörlose Mädchen, ein Internet-Kurs, eine Infoveranstaltung zur Pflegeversicherung oder ein Gebärdensprachfestival. Hier besteht zudem die Möglichkeit, soziale Kontakte zu knüpfen, Freunde und Ehepartner zu finden – aber auch Gelegenheit, sich endlich ohne Kommunikationsprobleme (!) zu streiten. Und nicht zuletzt findet hier das kulturelle Leben Gehörloser statt – beginnend bei der Sprache, nämlich der Gebärdensprache. Hier entwickeln sich auch die Verhaltensregeln zum Beispiel für die Kommunikation, und letztlich entwickelt sich hier die kulturelle Identität als „Gehörlose" – die mit dem Status „Behinderte", einer Zuschreibung aus der hörenden Welt, immer weniger zu tun hat.

Dabei wird die „hörende Welt" keinesfalls ausgeblendet – es besteht durchaus ein selbstverständliches Bewusstsein dafür, dass gehörlose und hörende Menschen durch eine übergreifende Gesellschaft verbunden sind. Trotzdem findet man häufig eine gewisse Distanz zu den – manchmal seltsam und befremdlich erscheinenden – Verhaltensweisen Hörender.

2. Daten

Es finden sich bundesweit nur wenige Daten über gehörlose Frauen. Hier zeigt sich ein erstes Problem von Frauen mit Behinderungen: Sie werden primär als Behinderte und selten als Frauen wahrgenommen. Das „Statistische Jahrbuch für die Bundesrepublik Deutschland" weist noch in der Ausgabe 1999 Schwerbehinderte nur nach Alter, dem Grad der Behinderung und der Art der Ursache der Behinderung aus. Dabei gibt es längst Forderungen von behinderten Frauen, eine geschlechtsspezifische Differenzierung vorzunehmen.

Nimmt man die Zahlen des *Statistischen Bundesamtes* als Grundlage, müssten in Deutschland etwa 25 000 gehörlose Frauen leben (Grad der Behinderung 100 %). Noch größer wird die Zielgruppe, wenn man die Frauen mit dem Status „ertaubt" oder „an Taubheit grenzend schwerhörig" hinzurechnet, die zum Teil ebenfalls auf Gebärdensprache angewiesen sind: Die Zahlen würden sich fast verdoppeln (ca. 45 000 – ab einem Behinderungsgrad von 80 %). Darüber hinaus gibt es eine unbekannte Zahl mehrfachbehinderter gehörloser Frauen (vgl. STATISTISCHES JAHRBUCH FÜR DIE BUNDESREPUBLIK DEUTSCHLAND 1998)

Diese unbefriedigende Datenlage hat 1995 die damalige Frauenbeauftragte des *Deutschen Gehörlosenbundes (DGB)* Gerlinde Gerkens, heute Präsidentin des *DGB*, veranlasst, eine bundesweite Fragebogenaktion durchzuführen, auszuwerten und in der Dokumentation „Gehörlose Frauen '95" zu veröffentlichen (GERKENS, 1996).

Im *DGB* sind derzeit ca. 14 000 gehörlose Frauen und Mädchen organisiert (das sind 44,4 % der Mitglieder). Für die Dokumentation konnten zwar 1240 Fragebögen ausgewertet werden, aber auch diese Daten können wegen der Verteilerwege nicht als repräsentativ angesehen werden, denn die Rückläufe aus den einzelnen Bundesländern waren zahlenmäßig sehr unterschiedlich. Dennoch gibt die Erhebung uns wichtige Daten für die weitere Frauenarbeit im *DGB*. Einige der ermittelten Daten werde ich hier vorstellen.

Bei dieser Gelegenheit: Es ist auffällig, wie wenig sich die Fachliteratur über Gehörlose mit „normalen" sozialen Problemen und Fragestellungen beschäftigt, etwa mit sozialen Problemen in den Herkunftsfamilien, mit dem Unterstützungsbedarf gehörloser Mütter, mit gehörlosen Patientinnen im Gesundheitswesen etc. Die Diskussion um Gebärdensprache bzw. orale, bilinguale oder aurale Erziehung scheint in der einschlägigen Literatur alle anderen Aspekte der Lebensbedingungen erwachsener Gehörloser zu überlagern.

3. Benachteiligung gehörloser Frauen

Fragt man gehörlose Frauen nach ihrer Identität, so erhält man – zumindest meiner Erfahrung nach – fast durchgängig zur Antwort, sie sei **gehörlos.** Das ist zweifellos richtig; es lässt sich aber auch beobachten, dass gehörlose Frauen vorhandene Schwierigkeiten und Belastungen häufig ausschließlich an der Gehörlosigkeit festmachen und dabei völlig übersehen, welche Probleme frauenspezifisch sind: Sie scheinen die frauenspezifischen Anteile an der Gesamtproblematik nicht wahrzunehmen.

Dies ist sicher auch eine Auswirkung der starken Identifizierung mit der oben beschriebenen „gehörlosen Welt" bzw. der Zuschreibung des Behindertenstatus „gehörlos". Allerdings behindert diese Sichtweise auch eine mögliche Problemlösung eben unter dem Aspekt „Frauenproblem". Einer besonderen Benachteiligung unterliegen lesbische gehörlose Frauen, die zusätzliche Schwierigkeiten aufgrund ihrer sexuellen Orientierung erleben.

Eine Benachteiligung gehörloser Frauen lässt sich in vielen Lebenslagen feststellen, wobei sich in der „hörenden Welt" behinderungs- und frauenspezifische Probleme verbinden.

Der Datenerhebung zufolge sind die wichtigsten Bereiche:

→ schulische Ausbildung
→ Berufsfindung/Berufsausbildung/Arbeitsleben/Rückkehr in den Beruf
→ Einkommen
→ Schwangerschaft/Geburt/Wechseljahre/Frauengesundheit
→ Kinder
→ Sexualität
→ sexuelle Gewalt

Diese Punkte sollen im Folgenden näher beleuchtet werden.

Schulische Ausbildung

Mehr als die Hälfte der Frauen hat einen Hauptschulabschluss, knapp 20 % einen Realschulabschluss, nur 5 % dagegen haben Abitur oder Fachhochschulreife und weniger als 2 % eine abgeschlossene (Fach-) Hochschulausbildung.

Es ist zu erwarten, dass inzwischen die Zahl der Abiturientinnen und Hochschulabsolventinnen gestiegen ist – trotzdem sind gehörlose Frauen, zumindest formal gesehen, noch weit vom Ausbildungsstandard hörender Frauen entfernt. Es liegen keine Zahlen von gehörlosen Männern vor, aber nach meinem persönlichen Überblick studieren inzwischen deutlich mehr gehörlose Männer als Frauen.

Berufsfindung/Berufsausbildung/Arbeitsleben/
Rückkehr in den Beruf

Zur Situation gehörloser ArbeitnehmerInnen sind bereits mehrere Untersuchungen von verschiedenen Hauptfürsorgestellen auf dem Markt, so dass ich auf die allgemeine Problematik nicht weiter eingehen möchte (vgl. GEHÖRLOSE IM ARBEITSLEBEN 1993; WEITERBILDUNGSMASSNAHMEN FÜR GEHÖRLOSE ARBEITNEHMER UND ARBEITNEHMERINNEN 1995; BUNGARD/KUPKE 1995).

Es lassen sich allerdings auch bei Gehörlosen frauenspezifische Besonderheiten in der Berufswahl feststellen, wobei nach meiner Erfahrung die Berufswahl gehörloser Jugendlicher in hohem Maße fremdbestimmt verläuft. Und natürlich werden auch gehörlose Frauen schwanger, wollen ihr Kind bekommen und Erziehungsurlaub nehmen, suchen Teilzeitstellen, versuchen, Arbeit und Familie unter einen Hut zu bringen usw.

Fast drei Viertel der von Gerlinde Gerkens befragten gehörlosen Frauen haben eine Berufsausbildung abgeschlossen, 60 % davon haben diese Ausbildung in einem Betrieb oder einer Behörde gemacht. Ich gehe allerdings davon aus, dass bei jüngeren Frauen die Ausbildung in einem Berufsbildungswerk (BBW) heute eine viel größere Rolle spielt als früher, da das Lehrstellenangebot auf dem Arbeitsmarkt nicht ausreichend ist. Im ursprünglich gelernten Beruf arbeitet heute nur noch etwa ein Drittel dieser Frauen. Mehr als ein Viertel übt inzwischen eine andere Tätigkeit aus. Die übrigen Frauen sind Hausfrauen, Rentnerinnen, arbeitslos, einige noch in der Aus- bzw. Fortbildung. Die genannten Daten sollten übrigens im Hinblick auf die Gehörlosenproblematik nur sehr vorsichtig interpretiert und beispielsweise mit den entsprechenden Daten hörender Frauen verglichen werden.

Die Rückkehr nach einer „Familienpause" ins Berufsleben gestaltet sich für gehörlose Frauen noch schwieriger als für hörende Frauen. Die Gründe dafür werden vielfältig sein. Offizielle Daten lassen sich hierzu nicht finden, doch ist dieses Problem immer wieder Thema, sobald gehörlose Frauen zusammenkommen. Kritisiert wird dann vor allem, dass es keine Weiterbildungsangebote für gehörlo-

se Frauen zur Rückkehr in den Beruf gibt bzw. die Dolmetscherkosten für die Teilnahme an regulären Angeboten nicht übernommen
werden. Auf sich allein gestellt, resignieren die betroffenen Frauen
oft.

Einkommen

In der Untersuchung von Gerlinde Gerkens wurde auch nach den Einkommen der gehörlosen Frauen gefragt. 20 % der Befragten verfügten demnach über kein eigenes Einkommen, etwas mehr als die
Hälfte bezog Lohn oder Gehalt (vermutlich einschließlich der Gering-
verdienerinnen und Nebeneinkommen bei Studentinnen). Der Rest
verteilt sich auf Rente, Arbeitslosengeld, Ausbildungsbeihilfe etc.

Ein gutes Drittel der Befragten hatte ein Netto-Monatseinkom-
men zwischen 1000 und 2000 DM. Zwischen 2000 und 3000 DM
netto verdienten ca. 14 %, auf über 3000 DM kamen nur 15 Frauen
(1,2 %). Die andere Hälfte der Befragten verfügte über kein oder nur
ein geringes Einkommen unter 1000 DM. Hoch ist der Anteil derjenigen, die diese Frage nicht beantworteten. Es ist zu vermuten, dass diese Frauen zumindest teilweise über kein Einkommen verfügten und
deshalb keine Angaben machten.

Schwangerschaft/Geburt/Wechseljahre/ Frauengesundheit

Über diese Themen liegen wenige Daten vor, doch die Probleme liegen auf der Hand. Zu nennen ist hier zunächst einmal das Problem der
DolmetscherInnen: Die Krankenkassen sind aufgrund eines Urteils des
Bundessozialgerichtes keinesfalls verpflichtet, Dolmetscherkosten im
Gesundheitsbereich zu finanzieren, behalten sich aber Einzelfallent-
scheidungen aus Kulanzgründen vor. Davon betroffen sind natürlich
auch schwangere Frauen (hier auch: Schwangerschaftsabbruch), ge-
bärende Frauen, Frauen mit kleinen und größeren Kindern, Frau-
en mit der Diagnose Brustkrebs, Frauen mit verschiedenen
Beschwerden in den Wechseljahren ... die Liste ist beliebig
fortzusetzen. Natürlich versuchen gehörlose Frauen, die
entsprechenden Informationen anderweitig zu erlangen:

Sie lesen Bücher und Zeitschriften, sie reden mit Freundinnen und ihren Müttern darüber – doch vollständige und gesicherte Informationen bekommt man auf diesem Wege nicht. Zudem sind manche Themen, zum Beispiel Brustkrebs, nicht unbedingt ein willkommener Gesprächsstoff beim gemeinsamen Kaffeetrinken.

Knapp 12 % der befragten Frauen geben an, dass sie bei ärztlichen Untersuchungen auf GebärdensprachdolmetscherInnen zugreifen können. Etwa die Hälfte von ihnen finanziert die Dolmetscherkosten selbst, die anderen bekommen die Kosten durch Krankenkassen, Landesverbände der Gehörlosen, Dolmetscherzentralen oder Kommunen erstattet. In der „gehörlosen Welt" finden sich allmählich – oft durch Aktivitäten der Frauenbeauftragten oder durch Zusammenschluss der einzelnen Frauen – immer mehr offizielle Informationen und Möglichkeiten des Erfahrungsaustausches zu diesen Themen, doch es gibt hier noch einen großen Nachholbedarf. Zudem können solche Angebote aus dem Selbsthilfebereich die offiziellen Informationen von Ärzten, Beratungsstellen und Hebammen bzw. die persönliche Beratung zwar ergänzen, keinesfalls jedoch ersetzen. Unter diesen Bedingungen kann es niemanden wundern, wenn fast 40 % der befragten Frauen aussagen, dass sie über den Verlauf einer Schwangerschaft nicht aufgeklärt waren. Noch schlimmer sind die Aussagen, die sich auf die Geburt beziehen. Auf die Frage „Während der Geburt: Was haben der Arzt bzw. die Ärztin und die Schwester gesagt?" antworten knapp 58 % der Frauen, dass sie nur etwas oder gar nichts verstanden haben. Es steht außer Frage, dass sich hier dringend etwas ändern muss.

Familie/Kinder

Zwei Drittel der ausgewerteten Fragebögen kommen von gehörlosen Frauen, die zum Zeitpunkt der Befragung zwischen 21 und 60 Jahren alt waren.

Mehr als 80 % aller befragten Frauen hatten einen (Ehe-)Partner bzw. eine Partnerin. Allerdings waren nur 7 % dieser Partner/Partnerinnen hörend. Knapp 40 % der gehörlosen Frauen waren zum Zeitpunkt der Befragung kinderlos. Bei einem größeren Teil der älteren

gehörlosen Frauen könnte es sich dabei um Folgen der Zwangssterili-
sation unter Hitler handeln.

Mehr als 80 % der gehörlosen Mütter bezeichnen ihr Verhältnis
zu ihren Kindern als gut, allerdings ohne eine genauere Definition dieses „gut". Ich halte diese Angaben für zweifelhaft, vor allem, wenn es
sich um hörende Kinder handelt, die 75 % der Kinder der Befragten
ausmachen. Nach meinen Beobachtungen und auch aus Gesprächen
mit gehörlosen Müttern bzw. Eltern gibt es einen deutlich erkennba-
ren Bedarf an Beratung und Unterstützung gehörloser Eltern. Dieser
Bedarf ist weniger auf die Gehörlosigkeit als auf situationsbedingte
Bildungs- und Informationsdefizite im Vergleich mit hörenden Müttern zurückzuführen. Der Beratungsbedarf erstreckt sich nicht nur auf
ganz normale Erziehungsfragen, zu denen hörende Mütter vorhandene Familienberatungsstellen aufsuchen bzw. Informationen über verschiedene Medien erhalten können. Beratungsbedarf gibt es auch in
gehörlosenspezifischen Erziehungsfragen (z. B.: „Sollen wir mit dem
Kind sprechen oder gebärden?"; „Wie verhindere ich, dass sich meine – hörende – Mutter in die Erziehung meines – hörenden – Kindes
einmischt?").

Gehörlose Mütter werden folglich, trotz höherer Belastung, gegenüber hörenden Müttern benachteiligt, da sie die „normalen" Beratungsangebote wegen der Kommunikationsprobleme nicht nutzen
können und keinen Anspruch auf Kostenübernahme für GebärdensprachdolmetscherInnen haben. Gleiches gilt auch für Elternabende in
Schulen und Kindergärten, Gespräche mit LehrerInnen etc. Hier besteht ein dringender Handlungsbedarf.

Sexualität/sexuelle Gewalt

Der Fragebogen von Gerlinde Gerkens enthält auch einige wenige
Fragen zum Thema Sexualität. Einige Themen beziehen sich auf die
sexuelle Orientierung und auf Missbrauch bzw. Vergewaltigung.

Etwa 20 % der befragten Frauen beantworteten diese
Fragen nicht. Knapp 10 % gaben an, sie seien als Kind,
Mädchen oder junge Frau missbraucht worden, wobei
hauptsächlich männliche Familienangehörige die Täter wa-

ren. 23 Frauen gaben an, ab dem 7./8. Lebensjahr über einen Zeitraum von fünf bis acht Jahren missbraucht worden zu sein.

Das Thema sexuelle Gewalt wird in der „gehörlosen Welt" noch weitgehend tabuisiert. Dies macht es gehörlosen Frauen besonders schwer, sich mit der Gewalterfahrung offensiv auseinander zu setzen, zumal gebärdensprachkompetentes therapeutisches Personal absolute Mangelware ist. Außerdem besteht kein Grund zu der Annahme, dass gehörlose Männer nicht zu Tätern werden. Es gibt Anzeichen dafür, dass bei gehörlosen Mädchen und Frauen ein ganz erhebliches Wissensdefizit im Hinblick auf den eigenen Körper und den Umgang mit der eigenen, eben selbstbestimmten Sexualität besteht. Mit welchem Wissen erleben gehörlose Mädchen z. B. die erste Monatsblutung? Wie schaffen sie es, sich unerwünschte Annäherungen vom Leib zu halten? Was wissen sie über Aids? Wie vermeiden sie unerwünschte Schwangerschaften? Wir wissen letztlich wenig darüber.

4. Schlussbemerkungen

Ich habe versucht, anhand verschiedener Daten die Benachteiligung gehörloser Frauen in ausgewählten Lebenslagen aufzuzeigen – ohne dass ich dabei Anspruch auf Vollständigkeit erhebe. Gehörlose Frauen werden unabhängig von allen individuellen Unterschieden nach wie vor deutlich benachteiligt – und zwar in beiden „Welten" –, wobei es z. B. im Arbeitsleben häufig zu doppelter Diskriminierung kommt. Andererseits haben gehörlose Frauen ihre Sache in den letzten Jahren allmählich selbst in die Hand genommen – sie interessieren sich verstärkt für die eigenen Lebenszusammenhänge und bemühen sich um Veränderungen, entwickeln dabei Selbstbewusstsein und Selbstverantwortung. Das läuft selbstverständlich nicht ohne Konflikte ab.

Die erwartete gesetzliche Anerkennung der Gebärdensprache dürfte auch die Lebenszusammenhänge gehörloser Frauen positiv beeinflussen. Doch damit ist es nicht getan. Gehörlose Mädchen und Frauen benötigen Unterstützung auf dem Weg zur Selbstbestimmung, sei es als junge Mütter mit eigener Familie oder als Jugendliche bei der Abnabelung vom Elternhaus, bei der Entscheidung über den Berufseinstieg, über Schwangerschaft und vieles mehr.

Ein großer Teil der beschriebenen Probleme ist jedoch noch verdeckt, ein anderer Teil scheint durch Unterstützung in der „gehörlosen Welt" aufgefangen zu werden, auch Hilfe durch Freunde und Familie spielt hierbei eine wichtige Rolle.

Literatur

BUNGARD, W.; KUPKE, S. (Hrsg.): Gehörlose Menschen in der Arbeitswelt. Arbeits- und Organisationspsychologie in Forschung und Praxis, 4. Weinheim: 1995.

GEHÖRLOSE IM ARBEITSLEBEN. Interdisziplinäres Forschungsprojekt des Landschaftsverbandes Rheinland, Hauptfürsorgestelle (2 Bände). Köln: 1993.

GERKENS, GERLINDE: Gehörlose Frauen '95. Dokumentation einer bundesweiten Fragebogenaktion zur Situation gehörloser Frauen in Deutschland. Kiel: 1996.

STATISTISCHES JAHRBUCH FÜR DIE BUNDESREPUBLIK DEUTSCHLAND, 1998; Wiesbaden: Statistisches Bundesamt (Hrsg.), 1999

WEITERBILDUNGSMASSNAHMEN für gehörlose Arbeitnehmer und Arbeitnehmerinnen. Interdisziplinäres Forschungsprojekt des Landschaftsverbandes Westfalen-Lippe. Forschungsbericht, Band 1. Münster: 1995.

VIII Nachwort – Aktuelle Entwicklungen

Die in diesem Band dokumentierte Fachtagung repräsentiert zwei
fachpolitische Veränderungen der letzten Jahre:

Die Hörgeschädigtenpädagogik besinnt sich zunehmend darauf,
dass es neben der Diskussion um sprachliche Erziehung im weitesten
Sinne noch eine große Bandbreite anderer Themen gibt, die im Rahmen der Arbeit mit hörgeschädigten Menschen wichtig sind. Das Au-
genmerk wird nun unter anderem auch auf psychosoziale, therapeutische oder soziologische Fragen gerichtet, so dass gehörlose und
schwerhörige Menschen in einem ganzheitlichen Bild betrachtet werden können. Hierzu wesentlich beigetragen hat sicherlich eine junge
Generation von gehörlosen und schwerhörigen AbsolventInnen ver-
schiedenster Studiengänge. Sie haben auf die vielen Problemfelder
aufmerksam gemacht, die jenseits von Sprache liegen.

Zudem hat sich die Arbeit gegen sexuelle Gewalt in den letzten
Jahren immerhin so weit etablieren können, dass Zeit und Raum blie-
ben für Aufgaben, die über das anfangs im Mittelpunkt stehende
„Aufbrechen des Tabus" hinausgehen bzw. neue und speziellere Tabus ansprechen. So setzen inzwischen immer mehr Anti-Gewalt-Projekte Schwerpunkte in Themenbereichen, die noch vor zehn Jahren
undenkbar waren; hierzu gehört eben auch die Problematik der sexuellen Gewalt gegen behinderte Kinder, Jugendliche und Frauen.

Die Thematik „Hörschädigung und sexuelle Gewalt" markiert
eine Schnittstelle beider Trends innerhalb der jeweiligen Fachbereiche.
Die hier vorgelegte Sammlung von Fachbeiträgen mag ein Anfang
sein, um die entstandene Öffnung mit Inhalten zu füllen. Somit ist die
Tagung als Ergebnis eines allmählichen Bewusstwerdens und zugleich
als Anfang einer konkreten und pragmatischen Beschäftigung mit
dem Thema zu sehen.

Das erste Zusammenkommen zweier zunächst unterschiedlicher
Fachbereiche, der Hörgeschädigtenpädagogik sowie der Projekte ge-

gen sexuelle Gewalt, kann durchweg als Erfolg beurteilt werden: Beide Seiten viel haben voneinander lernen können; sie konnten sich in Gesprächen und Diskussionen austauschen, die Bedarfslage und die Problemstellungen der jeweils anderen Seite kennen lernen und sich letztlich zu neuen Verbünden vernetzen. Das so entstandene Netzwerk der unterschiedlichsten Einrichtungen kann für die Zukunft ein tragfähiges System zugunsten der Betroffenen bilden.

Mindestens in einem weiteren Punkt hat der Fachtag zu einem deutlichen und greifbaren Ergebnis geführt: Der Wunsch der TeilnehmerInnen nach einer eigenen Kontakt- und Beratungsstelle für hörgeschädigte Frauen und Kinder, die sexuelle Gewalt erlebt haben, mündete im Anschluss an die Tagung in eine Projektgruppe, deren Ziel die Einrichtung einer solchen Stelle war. Inzwischen wurde eine Konzeption erstellt, wobei die enge Zusammenarbeit von hörgeschädigten und hörenden Mitarbeiterinnen grundlegende Voraussetzung der Arbeit sein soll. Wenngleich für das Projekt noch Zuwendungsgeber gesucht werden, so ist mit dem Engagement der Jugend- und Familienstiftung des Landes Berlin doch bereits ein erheblicher Anteil der Finanzierung gesichert. Damit können wir optimistisch davon ausgehen, die Beratungsstelle im Frühjahr 2002 eröffnen zu können.

Es bleibt zu hoffen, dass über den Einsatz einzelner Personen und Institutionen nach und nach eine breite Öffentlichkeit sowohl innerhalb der Hörgeschädigtenpädagogik als auch innerhalb der Anti-Gewalt-Projekte gewonnen wird. Dies könnte dazu beitragen, die doppelte Sprachlosigkeit zu durchbrechen, die hörgeschädigte Überlebende von sexueller Gewalt umgibt.

Annika v. Walter
im Juni 2001

IX Autorinnenregister

SENAY ATILGAN
ist Diplom-Pädagogin und seit 1997 Mitarbeiterin in der *Mädchenbe-ratungsstelle Kreuzberg von Wildwasser Berlin.*

DR. ULRIKE GOTTHARDT
ist Chefärztin des *Behandlungszentrums für Hörgeschädigte der West-fälischen Klinik für Psychiatrie, Psychotherapie und Neurologie* in Lengerich.

HENRIETTE HARMS
ist Diplom-Sonderpädagogin und seit 1992 in der Frühförderung von Kindern mit Hörbehinderung, in der Elternberatung und in der Praxis-beratung und Fortbildung für TherapeutInnen, Kindertagesstätten, Schulen und andere betreuende Einrichtungen tätig.

EVA-MARIA NICOLAI
ist Diplom-Dolmetscherin, Diplom-Pädagogin und Kommunikations-organisatorin. Seit 8 Jahren arbeitet sie bei *Wildwasser Berlin* und ist für Öffentlichkeitsarbeit zuständig.

PETRA PIEL
ist Diplom-Sozialarbeiterin. Nach 14 Jahren Sozialarbeit mit erwachse-nen Gehörlosen, Schwerhörigen und Ertaubten (Kündigungsschutz/ begleitende Hilfe im Arbeitsleben) arbeitet sie seit 1998 als Projektko-ordinatorin an der FH Potsdam im Modellprojekt *PotsMods* (Potsda-mer Modellstudiengang zur Ausbildung von Gehörlosen zum Diplom-Sozialarbeiter/-Sozialpädagogen bzw. zur Diplom-Sozialarbeiterin/ -Sozialpädagogin). Seit etwa fünf Jahren ist sie beim *Deutschen Gehörlosenbund* schrittweise in die Frauenarbeit eingestiegen. Seit 1999 ist Frau Piel als Frauenbeauftragte im Präsidium des *DGB*.

ANTJE SCHWERDTFEGER
ist Fachärztin für Kinder- und Jugendpsychiatrie und -psychotherapie im *Evangelischen Krankenhaus Herzberge* Berlin und arbeitet hier mit hörenden, gehörlosen und schwerhörigen Kindern, Jugendlichen und Erwachsenen.

ANNIKA VON WALTER
hat als Gehörlosenpädagogin und Diplom-Pädagogin in Zusammenarbeit mit *Wildwasser Berlin e. V.* ein Projekt zum Thema „Hörschädigung und sexuelle Gewalt" durchgeführt, das durch die gleichnamige Fachtagung abgeschlossen wurde. Zurzeit arbeitet sie in der *„Kontakt- und Beratungsstelle Tara bei sexuellem Missbrauch und Gewalt gegen Kinder"* in Brandenburg/Havel. Seit Februar 2000 ist sie Vorstandsfrau bei *Wildwasser Berlin*.

X   Adressen

Nachstehend sind einige Beratungsstellen, Psychotherapeutische Praxen und Kliniken in Deutschland aufgelistet, die auf Hörgeschädigte spezialisiert sind bzw. über einschlägige Erfahrungen verfügen. Die Liste erhebt selbstverständlich keinen Anspruch auf Vollständigkeit; sie bietet lediglich eine Auswahl von ersten Anlaufstellen, die – soweit sie den Autorinnen bekannt sind – aktiv in den genannten Bereichen arbeiten. Wir hoffen, dass mit diesem Buch eine weitere Vernetzung gefördert wird, sodass Interessierte über die hier genannten Anschriften Auskünfte über weitere Stellen erhalten, die erst nach Erscheinen des Buches bekannt geworden sind.

AMBULANTE PSYCHOTHERAPEUTISCHE PRAXEN BZW. ANLAUFSTELLEN

FRAU DIPL.-PSYCH. CHRISTINA INGELN

Kamminer Straße 3, 10589 Berlin
Tel. und Fax: 030-3 45 20 03
E-Mail: C.Ingeln@t-online.de
Tiefenpsychologische Psychotherapie,
psychoanalytische Kunsttherapie

FRAU PROF. DR. REGINA LEWEN

Weimarer Straße 20/21, 10625 Berlin
Tel. und Fax: 030-31 80 68 18
Psychotherapeutische Praxis für Gehörlose,
Schwerhörige und Ertaubte
Termine nur nach Vereinbarung

FRAU DIPL.-PSYCH. HENRIETTE HIMMELREICH
Münchener Straße 12, 60329 Frankfurt
Tel.: 069-5 97 53 60, Fax: 069-23 24 06
Verhaltenstherapie, tiefenpsychologisch fundierte Psychotherapie
Langjährige Erfahrung mit gehörlosen Patientinnen und Patienten so-
wie mit Spätschäden bei sexuellem Missbrauch, nur Patienten im
Umkreis von ca. 1 Fahrtstunde; nur Patienten ab 16/18 Jahren, nur
Einzeltherapie; keine Täterarbeit; keine Behandlung von Suchtpatien-
ten; keine Gutachten.

AMBULANTE UND STATIONÄRE PSYCHIATRISCH-PSYCHOTHERAPEUTISCHE
BEHANDLUNGSANGEBOTE

KLINIKUM AM EUROPAKANAL
ABTEILUNG FÜR HÖRGESCHÄDIGTE; DR. INGE RICHTER
Am Europakanal 71; 91056 Erlangen
Tel. u. Schreib-Tel.: 0 91 31-7 53 22 55, Fax: 0 91 31-7 53 26 70
E-Mail: dr.inge.richter@t-online.de

WESTFÄLISCHE KLINIK FÜR PSYCHIATRIE,
PSYCHOTHERAPIE UND NEUROLOGIE LENGERICH
BEHANDLUNGSZENTRUM FÜR HÖRGESCHÄDIGTE
Parkallee 10, 49525 Lengerich
Tel.: 0 54 81-1 22 55 u. 12-3 48, Fax: 0 54 81-1 24 65,
Schreibtel.: 0 54 81-123 86
E-Mail: Behandlungszentrum.fuer.Hoergeschaedigte.
WKLengerich@wkp-lwl.org
Ambulante/stationäre Behandlung für psychisch kranke,
stoffgebundene und nichtstoffgebundene abhängige Ge-
hörlose/Schwerhörige; Entgiftung und Entwöhnung

FACHKLINIK OLDENBURGER LAND, ABTEILUNG „TO HUS"
Neerstedter Straße 9, 27801 Dötlingen-Neerstedt
Tel.: 0 44 32-9 48 00, Fax: 0 44 32-94 80 94,
Schreib-Tel.: 0 44 32-94 80 80
Internet: www.fachklinik-oldenburger-land.de
Klinik für Suchterkrankungen